中国知財戦略

イノベーションの実態と知財プラクティス

山田勇毅 [著]

東京 白桃書房 神田

はじめに

　本書は，中国知財権法や制度の網羅的な解説書を意図するものではなく，中国知財制度特有の特徴やプラクティスにポイントを絞りつつ，日本企業が総合的な知財戦略を練るための枠組みを提供することを目的としている。中国の知財制度は，日本や欧米などのように確立された運用がなされていない面もある。しかしながら，知財権出願と訴訟の急増に伴い，いくつかの注目すべき指針や判決も出されている。本書では，そのような指針や判決も踏まえながら，中国における最新の知財プラクティスの動向に沿った留意点を解説するように心掛けた。

　日本企業は，技術開発力に優れていても，その成果物を特許出願するだけでは中国市場において競争を勝ち抜くことはできない。中国特有の知財リスクを踏まえながら技術やノウハウの秘匿化とこれに伴う技術流出の問題点，ライセンス契約，特許出願から訴訟まで，知財マネジメントのあり方を問い直しながらイノベーションのあり方を構築することが求められている。

　このような観点から，本書の前半部（第1章及び第2章）では，中国のイノベーションの実態について，中国のこれまでの政策の歴史や製品アーキテクチャと産業構造の観点から具体的に説明する。中国の知財プラクティスに関心のある方は前半部をとばして第3章から読んでいただいてもよい。ただし，前半部は本書で言うところの「中国型イノベーションシステム」の実態を具体例に基づいて解説しているので，きっと新たな知見が得られると思う。第3章では，急速に整備され活況化する中国の知的財産制度の現況について解説する。第4章では，「中国型イノベーションシステム」に対応するビジネス戦略，知財戦略，知財マネジメントについて検討する。最後に，第5章においては，中国知財法の特徴と出願実務，訴訟実務について判例等を引用して最新の動向と留意点について解説する。

　中国は，改革開放以来，外国技術を効率よく吸収することに国を挙げて力

を入れてきた。改革開放初期の友好ムードのなかで，日本は，技術や資金の援助を自国企業に対すると同様に積極的に支援した。しかし，その陰に，あらゆる手段によって外国技術を獲得，吸収するという中国政府の大規模な国家戦略が隠されていたことを読み取っていた日本企業は少ない。今や中国のGDPは日本を抜き去り世界第2位となり，近年ではグローバル企業の研究開発拠点の立地も加速化している。日本企業が長年にわたって蓄積してきた技術，ノウハウは，いつのまにかごっそりと中国企業に移転されてしまったといっても過言ではない。

しかしながら，中国が世界第2位の経済規模にまで発展する原動力となったのは，単に先進国の技術やノウハウを獲得，模倣してきたからだけではない。欧米や，日本の企業は技術開発に優れていても，これを新興国などの現地市場に適合した製品を製造していく力に欠けていたといえる。中国は外国技術を吸収し，巨大市場に適応させる製品を生み出し，製造するという点で他の途上国と異なる優位性を有していたのである。このような中国におけるイノベーションの特徴は，外国技術をより効率よく導入，吸収しつつ，これを改良していかに現地市場に適合する製品に改良するかにあるといってよい。中国は外国の技術を収集し，吸収することにより基礎研究を省き開発コストを抑えることで，低価格を実現し，世界市場，特に新興国市場で競争力を発揮しているのだ。もちろん，科学や技術は，すべて過去の研究の土台の上で築かれるものであるが，中国の場合は多くの国家機関を通じて国家ぐるみで行われてきており，そのスケールの大きさが際立っていた。

本書では，中国の国家政府の政策と中国の歴史的な産業構造によって支えられた外国技術の導入，吸収，改良を容易化するメカニズムを「中国型イノベーションシステム」と呼んでいる。「中国型イノベーションシステム」においては，日米欧で一般化されている規定とは異なる法体系や強力な国家政策による外国技術の導入・吸収策や，中国の地方の中小の郷鎮企業を中心に長年にわたり築き上げられてきた分業体制に基づくモジュラー型産業構造によって，中国企業が外国企業の技術を容易に吸収，改良し，独自の製品として完成する様々な仕組みができ上がっている。そして，このようにして開発された「中国独自の技術」は一部の分野においては，日本や欧米企業の市場

を奪う脅威となっている。

　2015年12月に発表されたアジア開発銀行のアジア経済総合レポート（ADB's Asian Economic Integration Report）によれば，医療機器，航空機，通信機器などのハイテク製品について，中国のアジアにおける輸出シェアは2000年の9.4％から2014年には43.7％に急増しており，他方，日本の輸出シェアは2000年の25.7％から7.7％に減少している。また，ローテク製品については，中国のアジア市場における輸出シェアは，2000年の41％から2014年に28％に減少している。このように，アジア市場において，中国はハイテク製品の供給源としてメインプレイヤーになっている。しかも，中国の輸出シェアはローテク分野からハイテク分野に大幅にシフトしてきており，「中国型イノベーションシステム」が功を奏していることを如実に物語っている。

　また，高速鉄道や原子力発電などのインフラ分野においては，中国は日本や欧米から技術援助などにより吸収，獲得した技術を改良した技術を，他国へ輸出する取り組みが国家レベルで行われている。もともと中国の高速鉄道技術は独シーメンスや日本の川崎重工業の技術支援を受けて吸収，発展させてきたものであるが，2015年6月に2大鉄道車両メーカーが統合されて世界シェアで5割を占める巨大な中国中車が誕生した。そして，この高速鉄道技術は，車両からレール運転システムも含めて，インドネシアや米国へ輸出する商談が進んでいる。また，2015年10月には，習金平国家主席の訪英の際に，英国南東部で計画中の原子炉に中国製の原子炉を導入することを合意した。これは，中国国有大手の中国広核集団（CCN）などが，フランスからの技術供与を受けて開発したものであり，主要部品の国産化率は85％に達するといわれている。

　現在，中国は改革開放後の高度成長期を経て，安定成長へ移行のための「新常態」に移行しつつあると言われている。「新常態」について，習近平国家主席は「現在，中国経済の発展は新常態に入り，高度成長から中高度に移行し，規模と速度を重視する粗放型成長から品質と効率を重視する集約型成長へ転換し，要素と投資駆動からイノベーション駆動へと転換している」と述べている。すなわち，今後の中国経済において，イノベーションを成長エ

ンジンにしているかどうかが改めて問われているのだ。

　中国がイノベーションの創出に向けて大きく動き出したのは，2008年6月に国務院から「国家知的財産権戦略要綱」が発表されたのを契機としている。この際，2020年までに中国を知財創作，運用及び保護に関して管理水準の高い「イノベーション型国家」にすることが目標とされた。これまでの外国技術の導入，吸収を最大目標とする政策から，中国企業による自主イノベーションを目標とする政策への転換がなされた。自主イノベーションを強化する枠組みとして知財制度の戦略的活用が図られたのである。中国の知財制度はこれまで外国技術の保護に利用されていたという側面が多かったが，これを契機に中国企業の独自の知財保護を強化するための知財制度の整備，活用を促進するという動きに転じた。現在，中国は，国内の特許，実用新案，意匠，商標の出願が急増し世界一の出願件数となっている。また，中国国内の知財訴訟も急増している。それらの大半が中国企業によるものである。

　一方，日本における知的財産制度の活用は低調である。日本における特許出願は，2008年以降なだらかな下落傾向が続いている。これまではやや聖域的であった特許出願予算について，コスト削減のプレッシャーが生じている。また，外国出願の増加に伴う知財コストの上昇が国内出願の減少の要因となっている。さらに，日本では，もともと知財訴訟の件数は少なかったが，2005年における知的財産高等裁判所の設立や知財専門の裁判官の拡充にもかかわらず，知財訴訟の利用はその後も低迷している。

　このように，日本国内の知財制度の活用が低調ななか，中国の知財制度は急速に整備され，活用されている。中国における知財制度の実行部隊は国家知識産権局であり，中国企業の独自のイノベーションの創出の促進とその成果物の保護という国家政策を実現するための重要な実務を担っている。特に，国家知識産権局に属する特許再審委員会は知財権の無効審判を審理し，無効にする権限を有している。近年，外国企業は，中国の知財プラクティスに不慣れなために，権利が無効化されるケースが増えている。また，中国国内では知財権の中国企業による出願及び権利取得件数が外国企業のそれを圧倒しているため，外国企業の中国現地法人が中国企業に訴えられるケースが増えている。さらに，中国企業の国際出願も急増しており，中国国内だけでなく，

はじめに

国外においても，中国企業からの知財紛争に巻き込まれる可能性が高まっている。

　冒頭で述べたように，日本を含む欧米企業は中国の巨大市場に魅せられて，技術の流出や中国企業の知的財産権軽視の挙動に甘かった面があることは否定できない。日本企業は，改革開放の初期段階から，中国企業を全面的に技術援助し，中国におけるもの作りの体制の整備に莫大な貢献をしてきた。その際，現地での合弁事業や人の移動を通して秘密情報が流出し，国内特許出願等の公開情報によって中核の技術情報が中国企業に無償で提供されてしまった。本文で紹介するように中国では国策として外国技術を吸収する仕組みや公開情報を徹底的に分析，利用するシステムが長年にわたって成立してきている。そして，このように外国技術の吸収，模倣をベースとした「中国型イノベーションシステム」によって得られた成果物が中国知財制度によって，知財権として保護されるケースが急増しているのである。

　このような状況を放置しておくと，日本企業のイノベーションへの投資意欲を殺ぎ，中国企業に不当に競争力をもたらせる結果となる。その結果，世界市場における日本企業の競争力が低下し，国内の雇用までが奪われることになる。したがって，中国とビジネスを行う際には，これまで以上に営業秘密（ノウハウ）について徹底した漏洩防止を図るとともに，公開され得る技術については中国において知財権を取得し保護の強化を図らなければならない。幸い，2015年7月の不正競争防止法の改正によって，営業秘密の保護が強化されており，日本企業の技術流出防止の環境が整った。また，中国の知財制度については，日米欧のプラクティスとは異なるプラクティスの運用がなされており，中国知財制度のプラクティスの習熟が急務となっている。

　本書が知財関係者や中国ビジネスに係わる方々に，今後の中国ビジネスを展開する上で必要とされる知財プラクティスについて，少しでも有益な知見を提供することができれば幸いである。

2016年3月29日

山田勇毅

目　次

はじめに　i

第1章　「中国型イノベーションシステム」の仕組み … 1

1　「中国型イノベーションシステム」とイノベーションの特徴 …………1
　「中国型イノベーションシステム」とは　1　　中国のイノベーションの特徴　4　　模倣によるイノベーション　5　　倹約的イノベーション（frugal innovation）　8　　インターネットを利用したビジネスモデルイノベーション　11

2　「中国型イノベーションシステム」を支える政策 ………………………14
　中国における技術導入の歴史　14　　企業誘致政策の変遷　19　　公開情報の戦略的収集・分析　22　　人材育成による外国技術の吸収　24　　「インターネット・プラス」行動計画　25

3　モジュラー型産業構造 ……………………………………………………26
　疑似オープン・モジュラー化　26　　モジュラー型アーキテクチャ　30

まとめ ……………………………………………………………………………33

第2章　国有企業と民間企業のイノベーション ………35

1　国有企業の改革とイノベーション ………………………………………35
　グローバル国有企業　35　　国家戦略の担い手としての国有企業　38　　高速鉄道技術　39

2　民間企業のイノベーション ………………………………………41
　　　　起業家精神はいかに育まれたか　41　　奇瑞汽車　44　　ハイアール
　　　　（海爾）　46　　レノボ（聯想集団）　48　　シャオミ（小米科技）　50
　　　　アリババ・グループ（阿里巴巴集団）　55　　ファーウェイ（華為技術
　　　　有限公司）　57
　　まとめ ……………………………………………………………………60

第3章　知的財産制度の整備と進展 ……………………………62
　　1　知財大国化する中国 ……………………………………………………62
　　　　模倣国家からイノベーション国家へ　62　　急増する知的財産権出願　64
　　　　増大する知財紛争　67　　知財法院の設立　69
　　2　知的財産関連政策と法規制 ……………………………………………70
　　　　標準化政策　70　　反独占政策　77　　ライセンス関連法規　82
　　　　営業秘密の保護　84
　　まとめ ……………………………………………………………………87

第4章　「中国型イノベーションシステム」
　　　　を攻略する戦略 ……………………………………………89
　　1　「中国型イノベーションシステム」を攻略するためのビジネス戦略 …90
　　　　プラットフォーム戦略　90　　基幹部品型プラットフォーム　92
　　　　共通部品型プラットフォーム　97
　　2　知財マネジメントによる対応 ………………………………………100
　　　　技術流出と産業競争力　100　　技術情報のオープン化とクローズ化　103
　　　　プラットフォームの知財マネジメント　105　　合弁会社の知財マネジメ
　　　　ント　109　　研究開発拠点の知財マネジメント　111

3　中国型知財リスクの対策 ………………………………………… 114
　　　技術流出の防止　114　　模倣品対策　121　　インターネット上での
　　　模倣品販売　123　　冒認商標出願問題　124　　先使用権　128
　4　ライセンス戦略 ………………………………………………………… 130
　　　中国におけるライセンス契約の留意点　130　　改良技術のコントロー
　　　ル　143　　クロスライセンス　147　　ノウハウライセンス　148
　まとめ …………………………………………………………………………… 150

第5章　中国知的財産法の特徴と出願戦略 …………… 153

　1　中国知的財産法の特徴 ………………………………………………… 153
　　　職務発明規定　153　　実用新案の活用　157　　意匠権の活用　161
　　　新規性喪失の例外　166　　抵触出願　167　　秘密保持審査　167
　2　中国特許出願実務とマネジメント …………………………………… 168
　　　特許出願か秘匿化か　168　　外国出願マネジメント　170
　　　明細書作成時の留意点　172　　中国特許明細書の記載要件　179
　　　新規性・進歩性　182　　補正の制限　184　　審査過程（中間処理）
　　　における留意点　186
　3　中国における知財訴訟 ………………………………………………… 188
　　　中国における知財訴訟の留意点　188　　裁判制度　190
　　　侵害訴訟手続きの流れ　191　　証拠の収集　193　　侵害の判断　194
　　　損害賠償額の算定　197　　行政手続による侵害停止請求　198
　　　無効審判と審決取消訴訟　199
　まとめ …………………………………………………………………………… 201

付　　録 …………………………………………………………………………… 203
索　　引 …………………………………………………………………………… 209

第1章
「中国型イノベーションシステム」の仕組み

　中国には，改革，開放以来，外国技術を効率よく吸収し，改良して自国市場に適した製品を開発することを促進するために国を挙げて取り組んできたイノベーションを促進するための仕組みがある。本書では，この仕組みを「中国型イノベーションシステム」と呼ぶ。「中国型イノベーションシステム」は，外国企業の誘致のための優遇策，外国技術の公開情報の徹底した収集，分析体制の確立，人材の海外への派遣と帰還のための優遇策などの政府の産業政策によって支えられている。また，改革開放以前から，中国社会に根付いていた分業型産業構造によっても支えられている。モジュラー型製品の国際的分業体制に中国企業が容易に組み込まれることを可能にし，エレクトロニクス製品を中心とする製品アーキテクチャのオープン・モジュラー化の進展とともに，「中国型イノベーションシステム」が成功する一大要因となっている。「中国型イノベーションシステム」は，先進国のイノベーションには見られない特徴を有している。

1　「中国型イノベーションシステム」とイノベーションの特徴

「中国型イノベーションシステム」とは

　改革開放後の中国においては，経済特区の設定などにより外資を積極的に誘致して，中国企業が外国技術の導入，吸収，改良することを容易にするための政策を行ってきた。また，改革開放以前から，中国においては，中小の地方企業や民間企業による分業体制によって，製品構造を無理やりモジュラー化する疑似オープン・モジュラー化が行われてきた。このように歴史的

にモジュラー型産業構造を有する中国では，エレクトロニクス製品を中心にソフトウェアが組み込まれることによって製品のデジタル化，モジュラー化が進むと，モジュラー型製品工場としていち早く対応することを可能にした。すなわち，モジュラー型製品構造の進展に伴い，外国技術を製品に組み込み自国市場に適した製品を開発するスタイルは，中国の産業構造に適したものであった。

　本書では，このような中国政府の外国技術の吸収を推進する政策や中国のモジュラー型の産業構造によって，中国企業が外国技術を吸収，模倣，改良することを容易にして「中国独自の」イノベーションを生み出すメカニズムを「中国型イノベーションシステム」と呼ぶことにする。「中国型イノベーションシステム」は，1990年代以降，IT技術とインターネットの進展とともにますます強みを発揮するシステムとなっている。企業はインターネットの利用によって，外部からの多様な技術情報や企業情報を獲得することが容易になったからである。これによって，基礎研究における膨大な経費と時間の投入を省き，外部から技術・シーズを獲得することができる。

　一方，日本企業はこれまで欧米などの先進国市場を中心に向けた「高品質・低価格な」製品開発を行うことによって，強い競争力を獲得してきた。ところが，リーマンショック以降，日米欧の先進国市場は急激に縮小し，中国など新興国市場が急速に拡大してきている。年間の可処分所得が5000〜3万5000ドルのいわゆる中間層人口は，1990年には日本がアジアで最大であったが，2008年には，中国やインドが日本を大きく上回っており，とりわけ中国における中間層人口の伸びが著しい。図表1-1には，世界の中間層以上の人口予測示した[1]。2020年には，中間層に占める新興国のシェアは約81％を占めることが予想されている。また，例えば，新車の販売台数では，2000年には世界の75％は日米欧の3大市場で占められていたが，2016年の予測値では日米欧3極の販売台数は42％に過ぎず，販売の中心が新興国などにシフトすると予測されている。

---

[1] アクセンチュア・経済産業省「新興国イノベーション研究会報告書」2014年2月28日，5頁。

第 1 章 「中国型イノベーションシステム」の仕組み

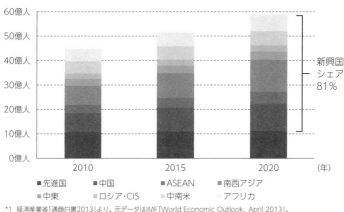

図表 1-1　世界の中間層以上の人口予測

*1 経済産業省「通商白書2013」より。元データはIMF「World Economic Outlook, April 2013」。
*2 経済産業省「通商白書2013」。中間層以上とは、世帯年間可処分所得が5,000ドル以上の人口を指す

（出所）経済産業省・アクセンチュア「新興国イノベーション研究会報告書」2014年2月28日

　このような市場構造の変化に伴い求められる製品の機能やデザインも変わってきている。中国をはじめとする新興国市場では，低価格，低品質のローカル市場のニーズに沿った製品が売れている。日本企業をはじめとする欧米の多国籍企業は，上海やデリーといった大都市の富裕層を中心にハイエンドの製品を通常の流通ルートで提供してこれまでは成功してきた。しかし，現在起きている中間層の市場構造の変化からすると，今後は戦略の見直しが求められている。

　「中国型イノベーションシステム」では，基礎研究を省き，コストを削減しながら外部から基幹部品を調達することによって経営資源を市場ニーズに適応する新製品の開発に集中することができる。部品調達においても，インターネットを利用した電子取引で新製品の仕様と機能を多数のメーカに送り，部品メーカが提供した部品の仕様を選別し，コスト，品質，納期が最適なものを選別することができる。すなわち，ファブレス化による製品開発が可能となる。

中国のイノベーションの特徴

　「中国型イノベーションシステム」によってなし遂げられる中国のイノベーションにはいくつかの特徴がある。まず、「中国型イノベーションシステム」が外国技術の吸収模倣を容易にするメカニズムであるため、生み出されるイノベーションも模倣を基調としたイノベーションである。「模倣」を「イノベーション」というのは違和感があると思われるかも知れないが、中国におけるイノベーションは、技術の導入・消化・吸収・改良を含むものを意味している。日本ではイノベーションはしばしば「技術革新」と理解されがちであるが、技術革新そのものより、技術と市場との結合こそがイノベーションであるといえる。中国のイノベーションは模倣によるメリットを最大限に活用しているところに最大の特徴があるといえる。

　次に「中国型イノベーションシステム」によるイノベーションの特徴として「倹約的イノベーション」（ジュガードイノベーション[2]とも呼ばれる）が挙げられる。倹約的イノベーションとは、英国のエコノミスト誌が名付けた新興国特有の製品開発の手法であり、既存製品の過剰な機能を省いて劇的に安いコストで製造する手法のことを意味している。先進国型の製品と工程を再設計して不必要なコストを徹底的にカットする手法である。

　倹約的イノベーションは、先進国市場の既存の製品から出発して過剰品質を取り除くという作業を意味するものではない。結果的に過剰品質を取り除きよりシンプルな製品となるかもしれないが、イノベーションの流れとしては、今ある現状から出発して何とか間に合わせるという発想がある。また、新興国市場特有の市場環境・ニーズを取り込みながら、入手できる原材料の種類や品質が制約するなかで、コストダウンの要素として積極的に活用するイノベーションを意味する。

　最後に、中国のイノベーションの特徴としてインターネットを利用したビジネスモデルイノベーションを挙げることができる。中国政府はインター

---

[2] ケンブリッジ大学のナヴィ・ラジュ『イノベーションは新興国に学べ！』（日本経済新聞社、2013年）で提唱した概念で、限られた資源を用いて、独創性と機転から効果的な解決策を生み出し、厳しい制約条件を克服するイノベーションを意味するものであり、本書ではほぼ同様の意味を「倹約的イノベーション」という用語で使用している。

ネットビジネスを奨励する政策をとっている。インターネットは技術蓄積のない中国企業でも容易に活用して電子商取引などのビジネスモデルイノベーションを行うことができる。近年，中国人起業家によるこの分野での活躍は目を瞠るものがある。

模倣によるイノベーション

　中国市場では，ブランド商品やデッドコピー製品が市場に出回っているという印象が強いため，「模倣」というと悪いイメージだけが先行する。行動科学では，模倣はかつて「他者の行動と同じ行動をとること」と定義されていたが，現在では，学習によって獲得された反応であり，因果関係を探る知的な行為であり，特別な能力とみなされるようになっている[3]。アダムスミスは，模倣は創意に富む行為であり，「創造的な芸術にふさわしい」と述べている。オーデッド・シェンカーの『コピーキャット』によれば，模倣者はイノベーターに比較して多くの優位点を有しており，イノベーターはイノベーションの現在価値の2.2％しか獲得できず，イノベーションの価値の大部分は模倣者のところに行ってしまっている[4]。

　改革開放前の1960年代の中国の自動車産業では，計画経済のもとで，技術は秘匿せずに共有すべきであるという理念のもとに，自動車とエンジンのコピー生産が積極的に行われた。例えば，中央の国有企業は生産していなかった１〜２tの小型トラックを生産していた地方政府傘下の自動車メーカーは，北京市のメーカーが開発した小型トラックとガソリンエンジンを使用した全く同型の小型トラックを全国各地で生産していた。

　このような知的財産の軽視と技術は模倣しても構わないとする考え方は，改革開放後の市場経済への転換後もなかなか改まらなかった。地方企業や民間企業は十分な製品開発の能力が蓄積する前に国内競争や国際競争にさらされることになったため，より手っ取り早い手法として，外国企業が設計した製品全体を非公式に模倣し，または模倣品を改造，改良することによる技術

---

[3] オーデッド・シェンカー『コピーキャット』東洋経済新報社，2013年，35頁。
[4] 同上書，10頁。

の取得も行われるようになった。1991年においても，トヨタのフォークリフト用エンジン「4Y」を改造したエンジン「4Q1Q」が中国で開発されたが，これは複数の地方のエンジンメーカーにより新技術として政府機関に登録された[5]。

　中国企業による外国企業の技術の模倣は，開発開放後の当初はこのような中小企業を中心に行われていたが，次第に政府の産業政策により国有企業などの大企業によっても戦略的に行われるようになってきている。外国企業の技術の模倣の契機となるのは，技術導入，合弁事業，技術提携，企業買収などであり，中国の技術進展に伴い次第に高度で大がかりなものとなっている。

　中国は2003年に「国家中長期科学技術開発計画（2006-2020）」を策定し，この中で，「外国から輸入した技術を吸収しつつ，それをもとに共同で工夫し，革新を重ね，独創的な技術革新を進展させていく」と述べている。2008年に，世界金融危機が起こり，その後の緊急刺激策として支出された4兆円の資金の多くが国有企業に投入されたが，国有企業はこの資金を元手に外国企業との合弁事業を通じて外国の技術を吸収し，消化していった[6]。

　例えば，世界の商用ジェット旅客機は資本・技術集約型の産業であり，ボーイングとエアバスという2大プレーヤーが独占してきた。ところが，ボーイングの航空宇宙技術は，国有企業である中国商用飛行機有限責任公司（COMAC）や半民半官企業である中国航空工業集団公司（AVIC）の小会社や系列会社，関連会社との合弁事業を通じて，中国に移転している。現在進行中の民間航空機の開発として，70〜100席のARJ21「地域」旅客ジェットや150〜200席のC919が挙げられるが，これはボーイングのB737シリーズやエアバスA320と直接競合することが意図されている[7]。

　また，世界金融危機以後は，政府から資金供与を受けた中国の国有企業が，急速に買収や提携を通じて技術資産を取得している。自動車業界では，中国企業はハマーやボルボなど，有名な自動車メーカーを次々に買収している。

5　丸川知雄『現代中国の産業』中公新書，2007年，191〜192頁。
6　ジェームズ・マグレガー『中国の未来を決める急所はここだ』ヴィレッジブックス，2014年，79頁。
7　エドワード・ルトワック『自滅する中国』芙蓉書房出版，2013年，286頁。

また，家電企業のハイアール（海爾）は2011年サンヨーの洗濯機・家庭用冷蔵庫などの業務を買収しており，レノボ（聯想集団）は2004年にIBMからPC部門，2014年にはグーグルの化体電話端末部門であるモトローラ・モビリティーを買収している。M&Aによる技術の取得は，合法的であり，かつ確実な技術取得の手法であるといえる。中国政府と中国企業は，研究開発に巨額な資金を投入するよりも，直接，海外の技術や事業を買収する方がより合理的であると考えているようである。資金力を得た中国企業は，海外の著名企業の事業を併合することによって，今度は世界の最先端のハイテクとブランドを獲得してきている。

また，外国企業から技術供与された技術を改良して，中国企業の独自の技術として他国に輸出することも大きく報道されている。日本の川崎重工が中国の国有車両大手の中国南車に技術供与した高速鉄道の製造技術は，欧州マケドニアに納入する契約を締結したと報じられている[8]。この高速鉄道車両の製造技術は，日本メーカーなどから供与された技術を基に中国南車が改良したものである。さらに，中国の国策会社国家核伝技術は，米ウエスチングハウスが開発した出力110万kW級の加圧水型原子炉「AP1000」の技術をベースに「CAP1400」を独自に開発し，山東省栄成石湾で2基を稼働するという。

さらに，中国は優秀な人材を先進国に送り込んで，先進企業の知識や慣行を吸収させ，顧客のニーズにも直接触れさせようとしている。米国の博士課程取得者で最も多い外国人は中国人であり，特に，理工学系ではその比率は際立っている。中国人大学生の帰国率は30％を上回っており，帰国した留学生による技術や製品に関する情報が容易に移転され，吸収されている。

以上のように，中国における産業技術は，歴史的にも模倣が奨励されやすい環境にあったが，今世紀に入ってからは，単なるデッドコピーや偽物のレベルを超え，国家レベルでの創造的模倣ともいえる技術の吸収とイノベーションが戦略的に行われているのである。

---

8 『日本経済新聞』，2014年7月24日。

倹約的イノベーション（frugal innovation）

　倹約的イノベーション（frugal innovation）とは，英国のエコノミスト誌が名付けた新興国に特徴的なイノベーションの手法であり，先進国の既存製品の過剰な機能を省いて劇的に安いコストで製造する手法のことをいう。また，倹約的イノベーションと近い概念として，「ジュガードイノベーション」と呼ばれる新興国特有の市場環境・ニーズに対応したイノベーションがある。エコノミスト誌は，倹約的イノベーションの例として，インドのタタ・モーターズの「ナノ」と同じくインドの携帯電話サービス企業バルティ・エアテルが提供する携帯電話サービスを挙げている。

　タタ・モーターズは，コスト削減の工夫を数多く組み合わせて，世界で最も安い自動車「ナノ」を製造している。バルティ・エアテルは，ライバル各社と無線基地局を共有し，ネットワーク構築，運用，サポートといった業務をエリクソンやIBMのような専門企業に外注した上で，サプライヤーとの関係を抜本的に再考しサービス提供コストを切り下げている。

　倹約的イノベーションは，先進国がすでに開発したハイエンド製品の過剰機能を省くことでコストダウンしているだけではない。新興国市場に特有のニーズや社会環境に適した製品機能やサービスを付加し，不必要なものは省くための「イノベーション」が必要である。

　中国は，文化，民族性，消費行動などが多様であり，単一市場ではなく，むしろ異なる市場のパッチワークのようなヨーロッパに似ているといわれる[9]。巨大市場でありながら，実は多様性を有する中国市場特有のビジネスモデルの構築が必要とされるのだ。

　例えば，中国の山寨携帯電話メーカーでは，大手の携帯電話メーカーでは見られない独特の「イノベーション」がなされている。「山寨」とはもともと中国語で盗賊などが，人里離れた山で立てこもった城塞を意味する。これが広東省を中心に違法なコピー商品を製造する地下工場を指す用語となったものである。東京大学社会科学研究所教授の丸川知雄氏の『チャイニーズ・

9　丸川知雄『チャイニーズ・ドリーム』ちくま新書，2013年，88〜90頁。

第1章 「中国型イノベーションシステム」の仕組み

ドリーム』には，アフリカ向けの懐中電灯付き携帯やイスラム教徒向けの礼拝機能付き携帯や，シムカード2枚使用して，1台の携帯電話で同時に2つの電話番号を使える携帯電話が紹介されている。中国では，市内電話と市外電話で料金が異なるため，1台で2つの市の電話番号を取得することで，両市の市内通話ができ料金を節約することができる。この機能は，各種の料金プランが乱立しているインド市場ではとりわけ大好評であったという[10]。

中国における倹約的イノベーション（ジュガードイノベーション）の成功例として，「電動自転車」が挙げられる[11]。電動自転車は日本の電動アシスト自転車を中国の社会環境や国民のニーズをくみ取ることによって改良・改変したものである。電動自転車は，日本の電動アシスト自転車に備えられるトルクセンサーが省かれているため，電動アシスト自転車のようにペダルをこがなくてもスイッチを入れれば走り出す。自転車というよりは，低速（最高時速20km程度）スクーターに近いものであるが，免許不要でヘルメットも不要であるため，若者や女性を中心に支持された。トルクセンサーを省くことによって価格も3万円程度となり，電動アシスト自転車に比べ圧倒的に格安で，2011年には3000万台を超える生産が行われたという[12]。ガソリン二輪車市場を追い抜くほど普及し，Yaeda，AIMA等の地場メーカーは300万台の生産台数に到達し，海外へも輸出されるようになり欧州を中心に年間50万台以上輸出されるようになっている。

次に，ビジャイ・ゴビンダラジャン他の『リバース・イノベーション』[13]に紹介されているラプーのワイヤレス・マウスの事例は倹約的イノベーションして，先進国型企業の製品開発にとって教訓に富む事例である。スイスで

---

10 同上。
11 丸川教授は『超大国・中国のゆくえ 4』など多数の著書において「電動自転車」を「キャッチダウン型技術発展」の例として紹介している。「キャッチダウン型技術発展」とは「発展途上国の嗜好，需要，生産要素賦存，環境に適合するために，途上国の企業が主体となって，先進国の技術発展とは異なる方向に技術のフロンティアを押し広げるような開発行為」を意味するが，本書では同様の意味で「倹約的イノベーション」に含まれるものとして扱う。
12 丸川知雄・梶谷懐『超大国・中国のゆくえ 4』東京大学出版会，2015年，139頁。
13 ビジャイ・ゴビンダラジャン他『リバース・イノベーション』ダイヤモンド社，2012年，130〜140頁，同書では，ラプーのマウスの登場によるロジスティック側の戦略の見直しがグローバル戦略の見直しに及んでいるとして，「リバース・イノベーション」の事例として扱っている。本書では，ラプー側の開発手法に着目して，「倹約的イノベーション」の事例として扱う。

創業した多国籍企業のロジテックは中国市場においてマウスをはじめとするコンピュータ周辺機器を販売している草分け企業であり，中国のコンピュータ・ユーザーの行動や好みは熟知しているはずだった。ロジスティックは中国の消費者の好みが米国のユーザーと似てくるのは時間の問題であり，マウスの機能も高級機能の高価格品の需要があると考えていた。このため，ワイヤレス・マウスも，50ドル余りのものから149ドルの価格のトップモデルまで多機能のものを中国市場で販売していた。

ところが，2008年，ロジテック50ドルのマウスと遜色のないレベルのマウスを15ドルの超低価格で売り出した。しかも，ラプーのマウスは中国のユーザーが要求する機能を的確に組み込んだものだったのだ。中国のマウスユーザーには，他国とは異なる2つの大きな特徴があった。1つは，中国の都市部の人口密度は非常に高いため，アパートの隣の部屋のマウスの干渉を受けやすく，そのため強い遮蔽性は贅沢なオプションではなく必須条件であったこと，もう1つは，中国のユーザーはケーブルテレビより無料のインターネット動画を好み，ノートパソコンをテレビにつないでダウンロードした映画やテレビ見る傾向にあり，ソファーに座ってリモコンとして使うためには十分な範囲のマウスを必要としたこと，である。

ラプーはロジテックが見落としていたこのような中国人ユーザーのニーズに着目して，低価格でありながら十分な範囲と遮光性のあるワイヤレスチップを採用することにより，他の機能については妥協しながらも中国人ユーザーのニーズを的確に盛り込んだマウスを開発し，提供したのである。ラプーのマウスは単に低価格であるのではなく，中国人の消費者のニーズに沿った機能を重視した製品開発した点において，倹約的イノベーションの事例として位置付けることができる。

また，中国のスマートフォン市場においては，シャオミ（小米）は，ハイエンド機を提供しながら低価格を実現し，4年足らずの期間で第9位，2.5％の市場シェアを獲得している。これはハード設計と生産はアウトソーシングとすることによりハード設計のための高額な研究揮発費を省き，自らはソフトとアプリケーションに特化しているためである。その上で，中国のニーズ

をインターネット上のMIUIと名付けたフォーラムを活用してユーザー参加型で中国人ユーザーの需要を取り込み，広告費とマーケティング費を節約している。倹約的イノベーションを実現する手段として，ネットを活用しているともいえるだろう。

このように，倹約的イノベーションとは，先進国で生まれた製品の一部機能を省くことにより，あるいはアウトソーシングの活用やネットの活用により経費を節減し，低価格を実現し，中国特有の社会環境や国民のニーズに合わせた機能やデザインを有する製品開発を行うことを意味する。これによって，中国人社会から支持される製品を市場に投入することを可能にし，中国市場で圧倒的なシェアを獲得している中国企業が現れてきているのである。

インターネットを利用したビジネスモデルイノベーション

「中国型イノベーションシステム」により生み出されるイノベーションの特徴として，インターネットを利用したビジネスモデルイノベーションが挙げられる。インターネットは，開発の技術進歩の速度に比例して利用コストが急速に低下することから，途上国にとって先進国を追い上げるための有力な手段となっている。中国では労働力不足による労働集約的製品の国際競争力の落ち込みを補完する上で，インターネットを利用したビジネスの創出に活路を見出そうとしている。マッキンゼー・グローバル研究所によれば，「インターネットは2013年から2025年の間に，中国経済の年間成長率を0.3～1.0％押し上げる」としている[14]。

中国におけるインターネット利用者は，2014年末時において6億4900万人で，総人口に対するインターネット利用者率は47.9％であり，前年比で3117万人増加している。利用者数は5億5678万人で，年間で5672万人増加している。インターネットを利用するデバイスは，デスクトップPC利用者が全体の70.87％，ノートPCが43.2％，スマートフォンや携帯電話が85.8％であり，モバイル端末による利用率が非常に高いことが特徴的である。

---

14 マッキンゼー・グローバル研究所「中国のデジタル化への変貌，インターネットの生産と成長への影響」2014年7月。

このような巨大なインターネット人口を有する中国市場を背景として，中国企業はインターネットを利用した検索サービス，電子商取引，オンラインゲームなどのビジネスで強みを発揮している。これを象徴する言葉として「BAT」と呼ばれる造語がマスメディアで使用されるようになった。「BAT」とは，中国の検索大手 Baidu（百度），Alibaba（阿里巴巴），Tencent（騰訊）の頭文字を取った造語であり，BATは，売上高，時価総額，アクセス量のどの評価においても世界ネット企業トップ10にランクインしている。また，米国の Alexa 社による2014年6月20日現在アクセス量をベースにした評価では，世界トップ20サイト中，中国ネット企業は8サイトがランクインしている[15]。

　中国のネット市場では，中国の物流状況，信用システム，産業組織，商品・サービスの選択嗜好，セキュリティ環境などの中国の社会・環境情勢に合ったビジネスモデルが不可欠であるため，欧米のネット企業が単独で中国市場に参入することは難しいという状況がある。これに対して，中国のネット企業は，グローバル市場からビジネスに必要な技術や成長資金を獲得し，中国市場に見合ったビジネスモデルや収益モデルのイノベーションを引き起こしている。このように，中国ネット産業のイノベーションの特徴として「ネット取引＋地場環境・ニーズの取り込み」という図式を示すことができる。

　例えば，後述するように，ソフトバンクからの資金提供や経営ノウハウの助言によって成長してきたアリババは，消費者向けのみならず，企業間のオンラインモールを開設したり，ネット商取引の決済システムにおいて残金をオンラインで投資できるなどの新しいビジネスモデルイノベーションを起こしている。

　中国では，スマートフォンなどモバイル端末を利用したインターネット利用者の割合が多いことから，スマートフォンによるネットを活用した新規ビジネスが起業されている。例えばシャオミは，2010年に発足したスマート

---

[15] 金堅敏「国有企業を凌駕する中国のネット企業」日経ビジネス online（http://business.nikkeibp.co.jp/article/report/20140703/268027/?P=2）。

フォンの製造販売企業であるが、インターネットを最大に活用して、ユーザーのネットワークを形成し、ユーザー参加型の開発を行うことにより他社のスマホと差別化を図って急成長した。前述したように、インターネットを倹約的イノベーションに活用しているといえる。なお、アリババ、シャオミについては第2章において紹介する。

　また、スマートガジェットと呼ばれるインターネットに接続したり、ユーザーと交流したりすることが可能なウェアラブル端末のビジネスの起業が盛んになりつつある。例えば、トムーン・テクノロジーという新興企業はアルミのベルト付きでバッテリを長持ちさせるための電子ペーパーを使用したウォッチを開発した。

　これら中国の起業家に共通する特質は、大学を卒業後、起業して失敗したり、得体の知れない会社に入って詐欺まがいの事業に巻き込まれそうになったり、多くの挫折を経験していることである[16]。挫折により学び、また、挫折することを許容する社会的特質が中国にはあるのかもしれない。そして、挫折を繰り返しても、インターネットは世界を変えるというビジョンを持ちながらネットビジネスで必ず成功するという確信を持ち続けている。

　インターネットを利用したイノベーションでは中国は特に強みを発揮している。今後、中国のIT関連、電子機器業界における人材の厚み、巨大なサプライチェーンの活用を期待して、中国におけるインターネット関連、IT関連の研究開発拠点の立地が加速する可能性が高い。日本企業も世界の潮流に乗り遅れないようにしなければならないが、その際、後述するように、中国の法規制など知財リスクとその対策について入念な検討が必要である。

---

[16] 例えば、シャオミの創業者雷軍は、在学中に立ち上げた漢字入力ソフトの会社をたった半年で解散に追いやられ、アリババの創業者馬雲（ジャック・マー）は、大学受験を2度失敗し、北京での起業も何度も挫折した。

2 「中国型イノベーションシステム」を支える政策

中国における技術導入の歴史

　中華人民共和国が成立して体制が整えつつあった1950年代は，中国はソ連の経済援助，技術援助に全面的に支えられていた。ソ連の援助によって，石油，石炭，電力などのエネルギー産業，鉄鋼，化学などの素材産業，工作機械やトラックなどの機械産業，軍需産業や消費産業までの全ての産業を自前で持つことができた。

　この時期には，ソ連の産業を実際に動かしていたロシア人の科学者や技術者が多数派遣され，同時に，中国から多数の技師や教師がソ連に留学していた。しかしながら，1950年代末になるとソ連との関係が悪化し，ソ連は技術者を全面的に引き上げてしまった。このため，中国は自力で技術開発をしなければならない時代が続いた。毛沢東の指導のもと，技術導入や輸入が制限されるなかで，輸入の代替として，鉄鋼生産のための小規模な小型高炉や小型トラックの生産のための小規模な自動車工場を全国で建設していった。しかしながら，中国の独自の小型で素朴な生産技術により生産された銑鉄や自動車はほとんど使い物にならなかった。それでも，この時代に，金型，鋳造，鍛造，プレスなど金属加工の技術による商業的製品の製造が小規模で町工場レベルで発達した。民衆のなかに，起業家精神と素朴でありながらも基礎的な生産技術が根付いたことは，開放政策後において外国技術の導入の吸収，模倣に基づく技術発展が効を奏するための大きな要因となっていたものと考えられる。

　中国の開放政策は1976年の毛沢東の死後，1978年頃より鄧小平が再度権力の座に復帰するなかで始められた。鄧小平は再復活する渦中の1977年，軍事技術教育関係者と会った際，次のように述べている。「羅針盤，印刷術，火薬は中国人が発明したが，外国人はそれを学び，さらに発展させた。いまわれわれは外国の先進技術を学ばねばならない。外国に留学生を出すのも，外国の専門家を招くのもよい」この鄧小平の発言は，その後の中国の近代化

路線,科学技術重視の政策の思想的原点をなしている。

　1978年12月に開催された中共十一期三中全会においては,1975年の鄧小平の名誉回復が決定され,「党と国家の重点工作を近代化建設に移行する」と宣言され,1982年9月の中共第十二回全国大会では20世紀末までに80年の農工業生産額の4倍を実現し,人民の物質的精神的生活をまずまずの状態にすることが目標として掲げられた。さらに対外貿易拡大,外資利用,先進技術・管理経験の吸収,合弁の推進,また,輸出のための特別区の設置方針が決められた。こうして,設定された経済特区は数年後には軌道に乗り,外貨の獲得源になっただけでなく,全国の開放と改革を促していった。4つの特区から始まった対外開放は,いまや中国全土に広がり,経済発展の原動力となっている。

　改革開放路線後の中国の技術開発においても,最初は外国企業の製品の模倣や外国企業との合弁企業によって製造設備や技術を導入することにより製品の開発,製造が行われてきた。この際,中国政府は,合弁事業を通じて中国企業が外資から技術やノウハウを吸収することを容易にするために,外資側の出資比率を50％以下とする規制を行った。このような規制は多くの場合2001年のWTO加盟により撤廃されたが,自動車産業のようにその後も継続しているものもある。合弁事業は,契約で規定される権利以上に,その基本的な性質からしてネットワークへの侵入や同僚との日常会話などによって技術情報を取得するチャンスを与えるものである。

　中国政府は,合弁会社や合作会社などの外資企業所得税について,最初に黒字になった事業年度から2年間は免税,その後3年間は税率を半減するという外資優遇策をとった。これによって,技術力や資金力のある外国企業の中国進出を促し,技術のキャッチアップを図る戦略をとったのである。日本企業をはじめ多くの外国企業は,このような中国政府の意図を十分に読み取ることなく,中国政府の外資優遇策を活用して積極的に中国に進出した。このような合弁事業では,工場設備,原材料から製造技術まで,工場運営に必要な施設や技術は外国企業が提供し,中国企業は土地使用権や労働力を提供することが契約によって取り決められ,外国企業は積極的に技術指導を行う

など，中国政府の思惑通り中国企業への技術移転が行われていった[17]。

　例えば，エアコン技術では，1995年に中国企業のミデアグループ（美的）と東芝との間で合弁会社が設立されたが，2004年には出資比率がミデア60％，東芝40％に見直され，東芝エアコンの中核技術であるコンプレッサを技術供与した。これによって，ミデアはインバータ・エアコンの生産への対応が可能となった[18]。

　国内総生産（GDP）に占める技術輸入額を見ると，1995年に1.8％であったが，2008年には0.7％に縮小する反面，2000年代には中国国内でのR&D支出が増加している。これは，技術の支出が，海外への支出から，合弁事業など国内での技術開発への支出にシフトしてきたことを意味している。技術導入費に占める外資系企業の支出分で見ると，2001年には20％強であったが，2004年に40％強となりこの比率は2008年まで続いている[19]。

　中国の技術導入政策においては，1985年に制定された「技術導入契約管理条例」によってすべての技術導入が政府の認許可とされていたが，2001年，中国がWTOに加盟すると，翌2002年に中国政府は「技術輸出入管理条例」を施行し，一部の技術については行政部の許可が不要となった。新しい条例では，外資系企業の技術導入も容易になったため，多様な投資主体による導入が促進された。技術導入の方式も1990年代後半まではプラントやキー設備の割合が大きかったが，2000年代になると，技術ライセンシングや技術情報・サービスを主とする方式での導入が増えた[20]。

　技術導入の目的も事業の多角化のために新規事業に進出のために行ったものや，すでに進出している事業の強化のために行ったものもある。例えば，2001年にミデアは冷蔵庫事業の強化のため，東芝から，設計コンサルタント，資料の供給，製品プロセスの指導などの技術指導を受けた。また，ハイセンス・クーロン・エレクト（海信科龍）は大型冷蔵庫の効率冷却のためのツインファン冷却システムの技術供与を受けた。海信科龍はすでに有力な冷蔵庫

17　依久井祐『もう一つのチャイナリスク』三和書籍，2013年，130～132頁。
18　渡邊真理子編著『中国の産業はどのように発展してきたか』勁草書房，2013年，95～99頁。
19　同上書，216頁。
20　同上書，222頁。

メーカーであったが，この技術導入を通じて，ハイエンド市場でも更なる市場拡大を狙った[21]。

2009年以降になると，中国へ進出する企業も輸出型の企業の工場から，研究開発・知財重視の研究開発拠点への移行が鮮明になってきた。従来の輸出型企業は内陸部への進出を促し，沿海部を中心に研究開発拠点の立地が促進されている。これは，中国政府が輸出に支えられた経済から国内消費に重点を置く経済への転換を図るため，外国企業の研究開発拠点誘致の優遇策を整備したことと，外国企業側でも中国市場向けの製品開発のための情報や人材を得るために中国に研究開発拠点を移転していったという事情が働いたためである。

多国籍企業の多くは北京・天津エリアや上海を中心とする長江デルタ，広東省にR&D拠点を集中させている。これらのエリアは，人材が豊富なだけでなく，市場が発達しており，生産拠点が集中している。さらに，近年では，人材の安定性やコスト面などを期待して，上述した沿岸都市にとどまらず，武漢，成都，重慶，西安などの内陸部にも展開されている。内陸部の成都には，モトローラ，アルカテール，ノキア，IBM，インテル等の欧米の通信大手のR&D拠点が集積している。

また，技術導入により資金力をつけてきた中国企業は，外国企業の技術やブランドを事業買収によって丸ごと獲得する動きが活発化しつつある。2011年に三洋電機が経営危機に陥ると，ハイアールは三洋電機から白物家電（冷蔵庫・洗濯機）事業を買収し，「AQUA」ブランドを獲得した。また，レノボは2004年にIBM社のPC部門を買収し，2011年には，日本電気のパソコン事業との事業統合を実施し，2014年1月にはグーグルからモトローラ・モビリティを買収し，特許権を含む技術資産を取得している。さらに，マイクロポート（微創医療科学）による米 Wright Medical Group の人口関節事業部門の買収（2.9億ドル），マインドレイ・メディカル・インターナショナル（邁瑞医療国際）による米超音波診断装置メーカーのZonare Medical

---

[21] 同上。

Systemsの買収（1.1億ドル），インターサービス大手のテセント（騰訊控股）による米ゲームソフト会社 Active Blizzard へのマイノリティ出資（3.5億ドル）など，技術資産とブランドの取得を狙いとした買収が行われている。

このように，中国における外国技術の導入は，改革開放路線の初期には，外国企業からの技術援助から始まり，次には外国企業の製造部門を誘致し合弁事業を設立し，さらには研究開発拠点の誘致へと進化していった。そして，吸収した技術を核に事業を発展させ資金力を獲得すると，今度はよりてっとり早く，外国技術を獲得するために事業買収に及んでいる。

最近では，中国企業の買収計画に脅威を察知した米国政府により，中国企業による米国企業の買収案件を阻止する動きが相次いでいる。例えば，2005年には，中国海洋石油（CNOOC）は米国の石油会社ユニカルを買収する計画を断念した。また，2008年に中国のファーウェイ（華為）による「スリーコム」を買収するオファーは撤回された。さらに，2010年，ファーウェイは，「スリー・リーフ・システム社」のサーバー技術に関する知的財産権を買収しかけたが，やはり撤回されている[22]。

2015年3月に開催された第12期全国人民代表大会（全人代）第3回会議の「政府活動報告」において，李克強首相は「内外でのM&A（企業の合併・買収）を促して企業規模を拡大させ，市場競争力も高める」という方針を表明した。そのようななかで，精華大学の傘下にある国有企業の紫光集団が米国半導体大手のマイクロン・テクノロジーを320億ドルで買収する計画があることが報じられた。また，中国のベンチャー投資会社である金沙江創業投資基金（GSRベンチャーズ）は海外資産の購入のため50億ドルの投資ファウンドを立ち上げると報じられている。

今後，しばらくの間，中国による先端技術の買収・獲得をめぐって，米国と中国による攻防戦が続きそうである。

---

[22] ウイリアム・C・ハンナス他『中国の産業スパイ網』草思社，2015年，345～346頁。

企業誘致政策の変遷

「中国型イノベーションシステム」のメカニズムの1つに外国企業の中国への誘致によって，外国企業の有する技術へのアクセスを容易化する政策が挙げられる。中国の企業誘致策は，開発開放の初期においては，経済特区を皮切りに沿海部を中心に，製造業型の外資系企業誘致のための様々な優遇策が講じられたが，2000年代後半になると，ハイテク企業の研究開発部門の移転を促進するものに変貌してきている。すなわち，中国政府の企業誘致策は，より「中国型イノベーションシステム」のメカニズムとして働く手法に特化してきているのである。

まず，1980年にスタートした「経済特区」では，外資系企業に対し，経営自主権の保障，法人税の減免，土地使用権の付与，輸出入税の減免，外貨の海外送金の保障等の優遇措置が講じられた。具体的には，企業所得税率が15％に減免され（内陸の合弁企業で33％，独資企業では30〜50％），三資企業が得た利益を外国に送金する場合は企業所得税が免除された。また，経営期間が10年以上の企業は，最初に黒字になった事業年度から2年間は所得税が免税され，その後3年間は税率を半減された。

1984年には，さらに，沿海14港湾都市が「沿海開放都市」に指定され，1985年には長江デルタ地帯，珠江デルタ地帯，福建省南部地域が「沿海経済開放区」に指定されたが，同開放区は1988年には，天津市，河北省，遼寧省，江蘇省，浙江省，福建省，山東省及び広西チワン族自治区まで拡大された。

また，1988年には，ハイテク産業の誘致育成のために，「高新技術産業開発区」の設立が認可された。1991年に，国務院は26の国家クラスのハイテク開発区の設立を認可し，現在114までに拡大している。

このような外資優遇策により，1990年代〜2000年代を通じて中国に対する外国企業からの直接投資や技術導入は急増し，対中直接投資額は2008年には1000億ドルを突破し，その後も増勢が続いた。これにより，中国は文字通り「世界の工場」と化した。しかしながら，2000年代後半〜2010年代になると外資優遇に伴う弊害や内資企業との待遇差が問題視されるように

なった。

　2008年に施行された企業所得税法では，企業所得税（法人税）率の一本化が打ち出され，外資企業の企業所得税率は段階的に引き上げられ，2012年には内資企業と同一の25％の税率で課税されることとなった。また，2013年以降には，黒字転換後2年間の免税，その後3年間は半減とする外資優遇措置も適用されないことが確定した。

　一方，国務院が特別優遇策を実施すると定めた区域である上海浦東新区や海南経済特区内に新たに設立される国が重点的に支援するハイテク企業については，最初の納税年度から起算して，1年目から2年目までは企業所得税を免除，その後の3年間は半減とする優遇措置が適用される。ここで，国が重点的に支援するハイテク企業とは，核心となる自主知的財産権を有すると同時に，「中華人民共和国企業所得税法実施条例」第93条に定める条件に合致し，かつ「ハイテク企業認定管理規則」に基づきハイテク企業に認定された企業を意味する。

　このような政策転換の背景には，外資導入額の量的拡大によって成り立った「世界の工場」から，内陸部の振興や産業の高度化，ハイテク化によってイノベーションを推進するという中国政府の意図が働いているものと見られる。

　図表1-2には，中国の外資導入施策の変遷が示されている。中国の外資優遇策が製造業からハイテク産業，研究開発拠点に対するものにシフトしてきていることがわかる。

　2012年に施行された2011年版「外商投資産業指導目録」においては，①自動車充電ステーションの建設・運営，新エネルギー自動車の基幹部品製造の奨励類への追加，②次世代インターネットシステム設備，職業技能訓練，知的産業権サービスの奨励類への追加，③省ニッケル型ステンレス製品の製造や外資系企業による海上石油汚染処理関連プロジェクトの奨励類への追加などがなされた[23]。2011年版「目録」では，電気自動車の普及やインター

23　2011年版「外商投資産業指導目録」。

図表 1-2　中国の外資導入施策の変遷

年	施策名	施策の目的	内容
1980	経済特区の設定	外資製造業の誘致	外資系企業に対する経営自主権の保障，法人税の減免，土地使用権の付与，輸出入税の減免，外貨の海外送金の保障
1988	高新技術産業開発区の設立	ハイテク産業の誘致	
2000	研究開発センター設立通知	外資による研究開発拠点の設立の奨励	自社用設備等の輸入関税及び輸入に伴う増値税の免除，研究開発した技術の譲渡収入の営業税の免除，技術開発費が前年比で10％以上増加した場合の研究開発費の50％に相当する額の控除
2008	企業所得税法	外資の製造業優遇策の見直し	企業所得税率の一本化，2012年には，外資も内資と同一の25％税率に一本化
2012	外商投資産業指導目録	ハイテク・環境分野における外資誘致	自動車充電ステーションの建設・運営，新エネルギー自動車の基幹部品製造の奨励類への追加，次世代インターネットシステム設備，職業技能訓練，知的産業権サービスの奨励類への追加，省ニッケル型ステンレス製品の製造や外資系企業による海上石油汚染処理関連プロジェクトの奨励類への追加
2015	外商投資産業指導目録	インターネットビジネスの外資奨励	インターネットビジネスに対する外資の持分制限の撤廃

ネットビジネスの推進，さらには環境保護の推進など，中国社会がかかえる問題を解決する分野に絞っての外資の利用を奨励する政策への転換がなされている。

中国政府の研究開発拠点誘致のための優遇策としては，2000年に「外商投資研究開発センターの設立に関する問題についての通知」（以下，「研究開発センター設立通知」）を公布し，外資による研究開発拠点の設立を奨励している。外商投資研究開発センターとは，研究開発センター設立通知（第1条第1項）によれば，①外国投資者が，中外合弁企業，中外合作企業または外資独資企業として設立するものと，②外商投資企業の内部の独立部門または支店として設立するものをいう。

研究開発センター設立通知に規定される外商投資研究開発センターに対する優遇措置としては，1）自社用設備等を輸入する場合の当該設備等の輸入関

税及び輸入に伴う増値税の免除，2）自ら研究開発した技術の譲渡により得た収入についての営業税の免除，3）技術開発費が前年比で10％以上増加した場合，研究開発費の50％に相当する額の控除措置がある。2009年には「税関総署による外商投資をさらに奨励するための関連輸入税収政策に関する通知」が公布され，上記1）については，輸入段階の増値税（付加価値税）を再開し，関税については引き続き免除されるとされた。

以上のように，中国政府は，従来の製造業型の外資企業の誘致から，中国にとって有益な技術を有する外資企業の研究開発拠点の誘致に政策の転換を図ってきている。現在，中国政府は，インターネットビジネスを奨励しており，2015年版の「外商投資産業指導目録」においては，付加価値電信業務について制限類に分類した上で，「外資比率は50％を超えず，電子ビジネスを除く」とされ，電子ビジネスに対する外資持分の制限をなくし，外資独資による電子商取引企業の設立を可能としている。

公開情報の戦略的収集・分析

「中国型イノベーションシステム」の特徴の1つに外国技術の公開情報の利用が挙げられる。研究開発は過去の研究を土台として行われる以上，どの国の研究開発においても公開情報を利用することは一般的に行われている。しかしながら，中国における外国技術の公開情報の利用は，国策として戦略的に行われており，そのスケールの大きさと徹底具合において他国に見られない突出したものとなっている。ウイリアムス・C・ハンナス他の『中国の産業スパイ網』には，中国政府による国を挙げてのオープンソース情報（公開情報）の収集政策の変遷が詳しく紹介されている。その概略について，以下に紹介する。

1956年8月に国務院が発表した「科学技術開発長期計画」には，中国政府の意図が隠さずに述べられている。すなわち，同計画には「科学技術情報収集の職務は，内外のすべての分野における重要な科学技術の最新の成果と傾向に関する情報を収集し報告することである。その目的は，我が国の科学技術，経済，高等教育にかかわる部局が近代的な科学技術を吸収するために

必要な情報と材料を，タイムリーに入手し，それによって時間とパワーを節約し，仕事の重複を避けて，我が国の科学技術開発を促進することである。」とあり，科学技術開発の促進のために，内外の最新の技術情報を収集することが重要なツールであることを訴えている。

1980年には，第5回国家科学技術情報会議が開かれ，情報活動を経済発展と科学技術開発に結びつけること，そして斬新な文献を幅広く収集することが決定された。2000年6月には，国務院が「国家科技図書文献中心」を設立し，その下には「中国科学技術情報研究所」と「国家科学図書館」とその他3つの科学技術センターが組み込まれ，中国の公開情報収集システムが概略完成した。

また，1997〜2005年の科学技術情報収集の組織の予算の増加率は，その期間に中国が研究開発に費やした予算の増加率を，総額の増加率でも1人当たりの増加率でも上回っているという[24]。また，中国は単に公開情報の収集に資金と労力をつぎ込んでいるだけでなく，情報の分析，顧客との連携，使用者から収集者へのフィードバックなど，収集から活用までシステマチックに連動させている。しかも，中国では公開情報の収集に関わる人がその仕事だけのプロ化しており，かつトップクラスの人員を配置しているという[25]。すなわち，中国の科学技術の開発においては，公開技術情報の収集・分析・活用が何よりもまして重要に位置付けられており，その役割は年々増大しているとさえいえるのである。

また，中国企業の知財関連セクションでは，日本の特許庁がHPで公開している特許情報を戦略的に収集，分析することが行われている。これらのセクションでは，日本語のできるスタッフが採用され，日本の特許情報を分析し，中国に特許または実用新案出願することをも狙っているという[26]。このようにして，中国企業は外国の特許情報など公開情報を徹底的に分析し，研究開発費用を削減し，中国において「自社の」知的財産権を取得することが

---

24 ウイリアム・C・ハンナス他，前掲書，45頁。
25 同上書，80頁。
26 依久井，前掲書，150〜154頁。

行われているのだ。

人材育成による外国技術の吸収

　中国から海外へ移住して，商業において活躍する華僑，華人は，古くは9世紀の唐の時代から，16世紀の民の時代を経て，改革開放から35年を迎える現在に至るまで，その数は増減を繰り返しながらも，着実に増えている。特に，2000年以降，中国から海外への留学，研究のための科学技術関連の人材の移住が急増している。

　また，1994年から，国家科学技術部，教育部，人事部の呼びかけで，海外で活躍する人材を帰国させ，母国の発展に貢献させる留学帰国奨励策が展開されている。これに伴い，2000年以降，海外から中国へ帰国する人材が急増している。海外で最先端の技術を学び，知識を吸収した人材が，中国の科学技術の発展のために帰国している。さらに，一貫して留学者数が帰国者数を大幅に上回っているため，海外の中国人留学生の総数は継続して増加している。

　例えば，米国の大学における出身国別科学技術系博士号取得者数において，中国は米国以外の外国人でトップである。2011年の米国大学院博士号取得者3978人であり，インドの2161人，韓国1442人を大きく上回っている[27]ちなみに，日本は243人であった。

　日本の社会では，博士号取得者はかならずしも優遇されない。むしろ，企業に就職する際には不利な扱いとなるため，日本の若者の海外留学の志向，特に博士号取得の志向は極めて低い。これに対して，欧米では博士号取得者を企業が好待遇で採用している。中国においても，科学技術関連の博士号取得者は大変に優遇され，特に欧米の大学における博士号取得者は好待遇で企業に採用される傾向にあるため，留学を志す若者の数は増え続けている。ただし，米国における博士号取得者が取得後少なくとも5年間米国に残留している割合は中国人が最も多く90％以上であるという[28]。

---

[27]　「米国大学院の博士号取得者の出身国別ランキング（2011年）」Science Portal China（http://www.spc.jst.go.jp/education/basicdata/04/09.html）。

第 1 章　「中国型イノベーションシステム」の仕組み

　北京市の中心である天安門から北西部に当たる 8km の地域に立地する中関村科技園区は，約 5km 四方に大学や研究機関，情報技術やバイオテクノロジー等の国内外のハイテク企業やベンチャー企業が集積しているが，パーク内には帰国留学生のための創業園がある。創業園では帰国留学生に対して，企業所得税や土地使用費などに優遇措置がある。また，中関村科技園区管理委員会の人材資源部では，帰国留学生に対する職業紹介サービスも行っている。

　この他にも多くの地域でサイエンスパークが設立され，留学帰国奨励策が全国規模で展開されている。このようなサイエンスパークにおいては，起業に際して 6 万〜10 万元の資金が供与され，所得税の 3 年間免除や物件賃貸料の免除などさまざまな支援がなされている。

　中国の留学生の多くが米国をはじめとする先進国の大学や研究所における経験を有して中国に帰還しており，先進国の最先端の技術，知識を持ち帰っている。政府の政策によって，大量な人材により持ち帰った外国の先端技術，知識の吸収，消化が帰還先で行われているといってよいだろう。

「インターネット・プラス」行動計画

　2015 年 3 月に開催された第 12 期全国人民代表大会（全人代）第 3 回会議の「政府活動報告」において，李克強首相は，「『インターネット・プラス』行動計画を策定し，モバイルインターネット，クラウドコンピューティング，ビッグデータ，モノのインターネット（IoT）などと現代製造業との結合を推進し，電子商取引，工業インターネット，インターネット金融の健全な発展を促進し，インターネット企業を国際市場の開拓・拡大へと導く」という方針を打ち出した。

　「インターネット・プラス」は，もともと中国のインターネット業界を代表するテセントの最高経営責任者（CEO）である馬化騰が提案していたものである。クラウドコンピューティングやビッグデータを，今までにあまり

28　「米国で博士号取得した中国人留学生，9 割が卒業後 5 年以上残留—米メディア」excite. ニュース（http://www.excite.co.jp/News/chn_soc/20100713/Recordchina_20100713016.html）。

普及していない業界にも浸透させて，新しい産業を創出し，国民の生活をより豊かにすることを目的とする。例えば，医療に関してはネット化が進んでいないが，医療業界にビッグデータを適応すれば，各人の診察記録や状況記録など，より詳細な個人情報が得られる。また，診察記録がクラウドでシェアされることにより，より的確な医療が行えるなどの効果が期待されている。

また，2015年5月に国務院より発表された「メイド・イン・チャイナ2025」では，今後約10年をかけて製造業大国から強国への転換を図り，工業化と情報化の深いレベルの融合を促進し，ネットワーク化・デジタル化・スマート化などの技術を駆使し，重要分野で機先を制し，飛躍を実現することを目指すとしている。

中国では，これまで民間主導でインターネットビジネスが進展しているが，今後，政府の政策にも後押しされ，他の産業と融合した新しいビジネスモデルイノベーションの創生が期待されている。

3 モジュラー型産業構造

疑似オープン・モジュラー化

「中国型イノベーションシステム」を支えている柱の1つは先に述べた中国政府による外国技術の導入，吸収のための様々な政策であるが，もう1つの柱として，中国において改革路線以前から形成されてきた疑似オープン・アーキテクチャに代表されるモジュラー型産業構造がある。

改革開放後の中国において，研究開発に十分に時間と資金をかけることなく競争力を得るため外国企業からの技術導入策がとられたことは先述のとおりである。その際，外国技術を利用して中国向け製品を開発することを容易化するメカニズムとして，中国におけるモジュラー型産業構造があったと著者は考えている。モジュラー型産業構造とは製品アーキテクチャのオープン・モジュラー化または疑似オープン・モジュラー化によるモジュラー型製品の生産に適した産業構造を意味する。

製品アーキテクチャ論は，経営学者で東京大学大学院教授の藤本隆宏氏が提唱したものである[29]。製品アーキテクチャには，大きく分けて，「インテグラル（擦り合わせ）型」と「モジュラー（組み合わせ）型」があり，「インテグラル（擦り合わせ）型」とは，部品設計を相互に調整し，製品ごとに最適設計しないと製品全体の性能が出ないタイプであり，「モジュラー（組み合わせ）型」とは，部品・モジュールのインターフェースが標準化していて，既存部品を寄せ集めれば多様な製品ができるタイプをいう。また，「オープン・アーキテクチャ」とはモジュラー型の一種で，インターフェースが業界レベルで標準化しており，起業を超えた「寄せ集め」が可能なものをいい，「クローズ」型とは，1社の中で基本設計が完結して閉じているものをいう。

オープン・アーキテクチャにおいては，異なる企業が独自設計した部品を寄せ集めても全体として機能するように，部品間のインターフェースをあらかじめ業界標準とするなど事前に準備されるものである。これに対して，疑似オープン・アーキテクチャとは，コピー部品等の部品を，試行錯誤で寄せ集めつじつまの合わないところは連結部品の設計変更などで無理やり組み合わせてしまうというプロセスを経るもので，事後的に形成されるものをいう。したがって，疑似オープン・アーキテクチャの場合は，接続可能性が事前に保障されていないため，それぞれ工夫して局所的な擦り合わせにより接続を可能にするという特色がある。

疑似オープン・アーキテクチャの典型的な例はオートバイ産業にある[30]。中国のオートバイ産業は，先進国，特に日本企業のオリジナル製品を正規にライセンス生産するか，またはオリジナル製品またはそのライセンス製品を不法にコピーした製品を生産することによって発展してきた。このようなコピー部品，再コピー部品あるいは改造部品が累積して，一群の疑似的な汎用部品を形成し，このまがい品部品を調達することによって，あたかも自転車を作るようにオートバイを組み立てる製造業者が登場してきた。いわば，コ

---

29 藤本隆宏・新宅純二郎編『中国製造業のアーキテクチャ分析』東洋経済新報社，2005年，3〜4頁。
30 同上書，82〜83頁。

ピー品またはコピー品に基づく改造品が相互に連結可能な汎用品として事後的に形成される点でこのような製品アーキテクチャを疑似オープン・アーキテクチャと呼んでいるのだ。

中国では，オートバイ産業に限らず，他の産業においても，本来「擦り合わせ型」の製品アーキテクチャを無理やりオープン・モジュラー化アーキテクチャに変換することによって，中国企業が中国市場を席巻するという現象が起きている。オートバイ産業においては，汎用部品を形成したのはコピー品などであったが，次に述べるカラーテレビのブラウン管や自動車のエンジンの場合は，必ずしも，コピー品などではなく，本来擦り合わせ型の部品を改造してモジュラー化しており，このような場合も「疑似モジュラー化・アーキテクチャ」の例といえる。

オープン・アーキテクチャ製品は，典型的にはパソコンやデジタル機器のように部品がソフトウェアの介入によってモジュラー化された製品にみられるものである。これに対して，中国では，テレビ，冷蔵庫，白物家電，携帯電話，さらには擦り合わせ型製品の典型といわれる自動車まで疑似オープン・アーキテクチャ化されている[31]。

カラーテレビの場合，基幹部品であるブラウン管には通常互換性がない。ブラウン管において電子ビームを上下左右の動かす機能を果たしている偏向ヨークはブラウン管と相互に調整をしながら設計されるので，ブラウン管を他社のものと置き換えると色むらが生じてしまう。中国のブラウン管メーカーは，あらかじめ偏向ヨークを取り付けて調整を終えたブラウン管をテレビメーカーに供給していた。テレビメーカーは異なる複数のメーカーから購入したブラウン管を，各社のブラウン管に合わせて調整した回路を用意することによって互換性を持たせていたのだ。これによって，従来，1社による垂直統合的なカラーテレビ製品の製造を分業化させることが可能になる[32]。

上記のブラウン管とカラーテレビの関係は，疑似コピー部品を使用してはいないが，本来互換性がない部品に事後的に互換性を持たせている点で疑似

---

[31] 同上書，4頁。
[32] 丸川，前掲『現代中国の産業』，37〜38頁。

オープン・アーキテクチャの一種といえるだろう。中国企業は、カラーテレビのような本来擦り合わせ型の製品アーキテクチャを疑似オープン・アーキテクチャに変換することによって、部品調達によるコストダウンを可能にする戦略をとっていたのである。

このようなモジュラー型産業構造は政府の政策によっても促進されてきた。中国政府は日本の大手電機メーカーからテレビのブラウン管などの基幹部品の技術のみを輸入する政策をとることによって、垂直統合的な産業を無理やり小分けした。これによって、自国の中小企業がテレビなどの家電産業に容易に参入できる道を開いているのだ。このような政府による垂直統合的な産業の垂直分裂化政策は、後のエレクトロ産業に見られるような国際的な分業体制の中に中国企業を容易に組み込むことに寄与することになったと思われる。「中国型イノベーションシステム」の特徴の1つであるモジュラー型産業構造は政府の産業政策によって形成されてきた側面もある。

次に、自動車産業においても疑似オープン・モジュラー化が見られる。中国の自動車産業は、1953年に第一汽車を設立することにより始まった。その後1983年に至っても自動車の生産台数は24万台に過ぎなかったが、改革開放路線への転換により2007年には900万台に急成長している。

このような中国の自動車産業の発展を支えたのは、第一汽車、上海汽車などの有数の大手国有企業と地方分権によって地方政府が設立した吉利汽車、華晨汽車などの100社以上に上る地場メーカーである。そして、国有企業の場合は、日本、欧米企業との提携関係により技術導入した経緯からインテグラル型であるといえるが、多数の地場メーカーは疑似オープン・インテグラル型であったといえる。

このように多数の地場メーカーが自動車産業に参入し、成長できたのは、本来なら自社または自社の系列会社により垂直統合的に製造されるエンジンやトランスミッションなどの基幹部品を外製化、すなわち、疑似オープン・モジュラー化した点にあるといってよい。エンジンは自動車の心臓部であり、走行性能や乗り心地を左右する重要な基幹部品であり、他の部品との綿密な擦り合わせが必要とされるので、一般的に欧米ベーカーは外注することはな

い。これに対して，中国企業はあたかもパソコンを作るように，エンジンなどの主要部品を専門メーカーから購入して自動車を組み立てた。

　中国における自動車産業の垂直分裂（オープン・モジュラー化による分業化）の源流は，計画経済下において技術は国有企業同士で共有すべきものという理念が働くなかで，農業機械化のために全国に設立されたエンジン専業メーカーが地方に設立された小規模メーカーにエンジンを供給したところにあった[33]。

　例えば，1999年に安徽省の地方政府が設立した部品メーカーを母体とする奇瑞汽車の場合，組み立てはスペインのセアト社の中古ラインを導入し，エンジンは英国フォードの中古ラインを導入し，車体設計を台湾企業に委託し，瀋陽航天三菱汽車のエンジンを寄せ集めて組み立てることから始めた。まさに，工程や部品をばらばらにしてあらゆるところから調達して車を製造したのである[34]。

　疑似オープン・アーキテクチャ型の製品開発によれば，すでに設計済みの部品を再結合することができるので，各部品の開発，設計に要する時間，費用を節減することができ，また，部品開発の相互連携の調整も少なくて済むため，迅速でコスト安な開発が可能となるのだ。

モジュラー型アーキテクチャ

　中国の振興民間企業が政府から支援を受けた国有企業の狭間の不利な環境下で，疑似オープン・アーキテクチャにより競争力をつけてきたことを述べてきた。このような疑似オープン・アーキテクチャによって分断されたサプライチェーンは，旺盛な起業家精神を有する中国人起業家による新規参入を促した。中国の産業社会は世界にデジタル化，ソフト化の波が押し寄せる前にすでにオープン・モジュラー型製品アーキテクチャの産業に適合した大小様々な企業群が存在していたといえる。このため，特にエレクトロニクス産業を中心に，デジタル化，ソフト化によって製品アーキテクチャが，従来の

---

[33] 同上書，191～192頁。
[34] 藤本・新宅，前掲書，231～232頁。

インテグラル型から真性のオープン・アーキテクチャに転換され国際的な分業時代が到来すると，すでに分業体制に適合していた中国企業の台頭が著しいものとなった。この点が，国際分業化時代に，これまで各産業において1社による垂直統合型の製品開発を行ってきた日本企業が劣勢に置かれることになった点との大きな違いがあるのではないかと考えられる。

モジュラー型製品アーキテクチャとは，前述したように，部品・モジュールのインターフェースが標準化していて，既存部品を寄せ集めれば多様な製品ができるタイプをいう。前述した疑似オープン・アーキテクチャの場合は，コピー部品等の部品を，試行錯誤で寄せ集め連結部品の設計変更などで事後的に形成されるのに対して，部品間のインターフェースをあらかじめ標準化することになどにより事前に準備されるタイプをいう。

モジュラー型製品アーキテクチャはエレクトロニクス産業を中心にデバイスのデジタル化に伴って急速に普及した。エレクトロ産業においては，製品設計にマイクロプロセッサとソフトウェアを組み込むことによって製品機能がソフトウェアで実現されるようになった。ソフトウェアが製品設計に組み込まれることによって，ハードウェアの性能向上（擦り合わせ）がソフトウェアによって調整可能となる。このような変化が1990年代に加速されて，エレクトロニクス製品は部品の組み合わせによって作ることができるモジュラー型製品アーキテクチャに転換されていったのである。

ただし，モジュラー化が進展するための要件は2つあるといわれている。1つは部品間のインターフェースが標準化されていることである。標準化が進展することによって，供給者側の数が増え，どこからでも調達となるからである。次に，設計されたシステム全体に無駄を許容する余剰能力があることである。個々の部品能力に制約が少なければ，厳密な部品間の擦り合わせが必要ないからである[35]。

このようなエレクトロニクス産業における製品アーキテクチャのモジュラー型，またはモジュラー・オープン型への転換は国際分業を進展させた。

---

[35] 新宅純二郎・天野倫文編『ものづくり国際経営戦略』有斐閣，2009年，180頁。

例えば，半導体産業では，1980年代後半から設計と製造を別々の企業が担うという分業が発展した。半導体製造工場を持たないファブレス設計会社と半導体製造に特化したファウンドリによる分業である。ファウンドリによる国際分業で最も成功を収めたのは台湾のTSMCであろう。台湾においてファウンドリ企業が成功をもたらした背景には台湾政府による産業政策がある。台湾政府は減価償却の割増償却や加速償却を認め，また，新規設備導入に対する優遇措置や企業の利益に対する大幅な減税措置などによって台湾企業の競争力を高めることに成功した。

また，米国のソレクトロン社やシンガポールのフレクストロニクス社に代表されるEMS（Electronics Manufacturing Service）企業は，製品ブランドを持たずにグローバルに多数の企業から製造を受託し，巨大な生産規模に達している。EMSとは，電子機器の受託生産を行うサービスのことである。ファウンドリやEMSなどのハードウェア製造サービス業者は世界各地の低賃金労働者のいる地域を求めて工場を建設している。これら世界各地の工場を活用して，グローバルなサプライチェーンを顧客に提供している。

このようなエレクトロニクス産業を中心とする国際分業の進展は，モジュラー型産業構造を有し，低賃金労働者の膨大な供給地域であった中国に最大のアドバンテージをもたらした。EMSを活用した国際分業によれば，標準化された部品，部材を大量に調達して低人件費の中国で大量生産することにより，製品コストを大幅に下げることができる。

例えば，DVDプレーヤーでは，光ピックアップと半導体チップ・セットを入手することによって，簡単に製品機能を再現することができる。中国企業がDVDプレーヤーで市場を席巻することができたのは，モジュラー化によって製品設計が容易になったことに起因している。

モジュラー型産業構造を有する中国では，エレクトロニクス製品などモジュラー型製品や疑似モジュラー化製品において，外国技術を容易に組み込み，中国市場向けの独自の製品を生み出している。このように，モジュラー型産業構造は「中国型イノベーションシステム」のメカニズムとして有効に機能しているといえるだろう。

まとめ

　「中国型イノベーションシステム」は，中国政府の外国技術の吸収を推進する政策や中国のモジュラー型の産業構造によって，中国企業が外国技術を吸収，模倣，改良することを容易にして「中国独自の」イノベーションを生み出すメカニズムのことをいう。「中国型イノベーションシステム」では，基礎研究を省き，コストを削減しながら外部から基幹部品を調達することによって経営資源を市場ニーズに適応する新製品の開発に集中する。1990年代以降，IT 技術とインターネットの進展や，新興国市場の拡大に伴って「中国型イノベーションシステム」はますます強みを発揮するシステムとなった。

　このような「中国型イノベーションシステム」によって生み出される「中国独自のイノベーション」の特徴として，①模倣による外国製品の改造，改良，②倹約的イノベーションによる製品のシンプル化とコストダウン，③疑似オープン・モジュラー化によるモジュラー型産業構造，④インターネットの利用がある。

　「中国型イノベーションシステム」を支える産業政策の根幹となるのは外国企業の中国国内への誘致を促進することによって，外国技術の中国企業への移転を促進することである。外資優遇策は，改革開放の初期は，沿海部を中心とした経済特区の設置による製造型の外資系企業誘致であったが，現在ではハイテク企業の研究開発部門の誘致策に移行することによって，より先端的な技術の移転が図られている。また，中国は国家レベルで外国技術の公開情報の収集し，分析する体制を構築することによって，公開情報を最大限に活用している。これによって研究開発費を削減し，「中国独自」の知的財産権を取得している。さらに，米国をはじめとする先進国の大学や研究所に留学する中国人の帰還を優遇するための免税など様々な措置を通じて，外国技術の中国への持ち帰りを促進している。

　「中国型イノベーションシステム」は，中国独自の産業構造によっても支えられている。中国では，ブラウン管テレビやオートバイから自動車に至る

まで本来擦り合わせ型製品である製品を無理やりモジュラー化して組み合わせて製造するという疑似オープン・アーキテクチャによるもの作りが行われていた。中国の産業社会は世界にデジタル化，ソフト化の波が押し寄せる前にオープン・モジュラー型製品アーキテクチャの産業に適した企業群が存在していたのである。このような分業型のモジュラー型産業構造は，エレクトロニクス製品を中心とする製品アーキテクチャのオープン・モジュラー化の進展とともに，「中国型イノベーションシステム」が成功する一大要因となっている。

第 2 章

国有企業と民間企業のイノベーション

　「中国型イノベーションシステム」は，これまで国有企業によって成果を生み出してきた。米誌『フォーチュン』が発表した2015年の「フォーチュン・グローバル500」には，中国企業106社がラインクインしたがほとんどが国有企業であり，トップ30にランクインした中国企業4社は全て国有企業であった。

　本章では，中国における国有企業と民間企業の実態を解説する。特に，「中国型イノベーション」の担い手としての国有企業の実態と，このような巨大な国有企業の狭間からどのようにして起業家精神を発揮して民間企業が成長してきたかを説明する。中国において経済の主体が国有企業から民間企業に徐々に移行されつつあることが理解されよう。

　また，民間企業の中からは，グローバル市場でトップクラスの世界的企業も現れてきている。このような民間企業の例として，自動車の奇瑞，家電製品のハイアール，パソコンのレノボ，スマホのシャオミ，電子商取引のアリババ，通信機器のファーウェイについて紹介する。

1　国有企業の改革とイノベーション

グローバル国有企業

　2013年版米国『フォーチュン』誌の2012年企業売上高に基づく世界企業ランキングを発表した。これによると，ランクインした企業数が最も多いのは，米国の132社で，次になんと中国の89社であり，3位の日本の62社を大きく上回った。

図表 2-1　2015 年版『フォーチューン』誌世界企業ランキング 10 社

(単位：億ドル)

01	ウォルマート（米国：小売）	4,857
02	中国石油化工集団（中国：石油）	4,468
03	ロイヤル・ダッチ・シェル（オランダ：石油）	4,313
04	中国石油天然気集団（中国：石油）	4,286
05	エクソンモービル（米国：石油）	3826
06	BP（英国：石油）	3587
07	国家電網公司（中国：電力送電）	3394
08	フォルクスワーゲン（ドイツ：自動車）	2686
09	トヨタ自動車（日本：自動車）	2477
10	グレンコア（フランス：鉱山開発）	2211

(出所)『フォーチューン』誌

　図表 2-1 には，グローバル 500 の上位 10 社を示した。世界の大企業トップ 10 には，中国石油化工集団，中国石油天然気集団，国家電網公司の 3 社がランクインしている。トップ 30 でみると，4 社ランクインされたが，全て中央政府所管か地方政府所管の国有企業である。その内訳を見ると，石油 2 社，銀行 1 行，送電 1 社と基幹産業が占めている。また，500 社にランキングされた中国企業はほとんどグローバルでは知名度が低い国営の銀行，鋼鉄，鉱産，石油，石炭，運輸などのインフラ系に属する。さらに，そのうちの大半が，国家直轄の大型国有企業，いわゆる「中央企業」であり，残りの多くも省や市が所有する地方国有企業である。こうした国有企業は業界内における競争が限られているため，規模が大きく，収益性も高い。特にエネルギーや資源を扱う企業は資金力に優れグローバル市場でも大型の取引を可能とするなど，海外企業にとって手ごわい存在となっている。特に財務面で強力なものとして，中国石油化工，国家電網，中国工商銀行，中国移動通信，中国中鉄が挙げられる。

　かつては，これら国有企業によって中国の国内総生産（GDP）のうち 40 〜50％を占めるに至っているといわれていた[1]。例えば 2010 年には，中央国

有企業の125社によって中国の全企業の利益の3分の2を占めているという。また，中国石油天然気，中国移動通信，中国海洋石油，中国石油化工，神華集団，国家電網，中国第一汽車集団，上海宝鋼集団，中国建築工程，中国遠洋運輸集団の上位10社の利益は中央国有企業の総利益の61%を占めるという。すなわち，中国経済の大半が国有企業によるものであり，そのなかでも上位10社の巨大国有企業に富が集中しているといえる。

　一方，グローバル500にランクインした欧米，日本企業は，技術集約的，創造的な純然たる民間企業であり，中国企業のように国家により支援されているものではない。中国の国有企業は多くは資本規制された独占的地位にあり，様々な政府により支援により成長してきたものであり，自力で競争を勝ち抜いてきたものでないことが，欧米，日本企業との大きな違いである。したがって，数や規模の面では，中国企業の台頭は著しいものがあるが，多くは政府の保護にある国有企業であるため，日本や欧米企業と同等には比較できない面がある。大型国有企業は，経営困難に陥った場合，政府からの資金と政策の援助を受けることができる上，中国国内では唯一無二の存在であり，独占企業として容易に利益を上げられるため，サービスの品質と技術の革新を向上させようという競争原理が働かない。したがって，国際市場における競争力は日欧米企業と比べてまだ弱い。

　フォーチュン500に入る中国企業の数が毎年増加していることは中国企業が着実に成長していることの現れであるともいえる。しかしながら，中国企業がイノベーションの創出により世界市場で競争力を獲得するためには，国有企業のフォーチュン500へのランクインだけでは不十分であり，ファーウェイや吉利のような民営企業によるイノベーションによる活性化が不可欠であろう。

　鉱工業生産に占める国有企業のシェアは1998年には52%であったのが2013年には，25%まで低下してきている。また，2012年における体GDP比率では，国有企業が25.3%，民間企業が37.2%と，民間企業のGDP比率

1　金堅敏「中国の国有企業改革と競争力」富士通総研　研究レポート No.399, 2013年1月, 6頁。

が国有企業より上回っている。今後は，さらに，民間企業が中国経済の主体となっていくことが期待される。

国家戦略の担い手としての国有企業

国有企業はもともと国策を推進するために国家が作るものであり，国家戦略の担い手として期待されている。1994年に制定された「1990年代国家産業政策綱要」では，国有企業が支配的地位を保つ「支柱産業」を振興する上で，「重要な技術や設備を獲得するために，国内市場の一部を条件付きで開放することを認める」と述べられており，国有企業によって，支柱産業の重要な技術や設備を獲得することが期待されている。

このような方針が厳格に運用された支柱産業の例として自動車産業が挙げられる。1994年に公布された「自動車工業産業政策」においては，外国自動車メーカーは，中国の自動車メーカーとの合弁企業において50％以下の出資比率でしか認められず，かつ合弁企業のなかで研究開発機構を設けることが義務付けられた。合弁事業のなかで研究開発機構を設けるという条件は合弁相手である中国企業による外資の技術の獲得の意図を鮮明に映し出すものであったが，GMは新車開発のための研究センターを設立することを決断した。その際，第一汽車，上海汽車などの国有企業は，外資の技術を吸収するための合弁事業の中国側の受け皿となった。

上海汽車は1997年GMとの合弁企業である上海通用（GM）を設立して以来，短期間で中国最大の乗用車メーカーに成長している。上海通用（GM）は積極的な買収策により多様な車種を開発してきている。また，第一汽車は，旧ソ連の協力で設立された中国で最も伝統ある自動車メーカーであるが，外資とは，乗用車でVWとトヨタの2社と合弁会社を有して外国ブランド車を生産し，自主事業会社でも，マツダと技術提携を行ってマツダ・ブランドで販売している。

中国の国有の自動車メーカーは合弁事業を通じて外資から技術やノウハウを吸収して成長していったが，自主技術の開発では動きが鈍かった。「外資の技術の吸収・獲得」という面では成功したといえるが，中国政府は，さら

にこれを改良した自主技術の開発,「自主的知的財産権」を有する製品開発を求めた。2004 年に公布された「自動車産業発展政策」では,「自動車メーカーが研究開発能力とイノベーション能力を向上させ,自主知的財産権を持つ製品を積極的に開発すること奨励する」と述べられている。

このため,合弁事業により開発された車種の多くは中国名が採用され,あたかも中国企業が開発した車種のように見せることが行われた。例えば,広汽ホンダの新車ブランドには,「理念」,「思銘」が採用され,東風日産では「啓辰」というブランドが採用された。

国有企業は支柱産業やハイテク産業において,中国政府が当初意図したように外国技術を吸収,獲得する点では成功したが,今後求められる「自主イノベーション」を先導するのは難しいと思われる。上海汽車の場合,2010 年のグループの自動車生産台数のうち 92% は VW や GM などとの合弁企業が生産したものであり,自社ブランドの生産台数は VW, GM との合弁会社の生産台数の 20 分の 1 にとどまっている。

これに対して,外資と提携がなかった吉利汽車,奇瑞汽車などの新興の民間企業や地方企業は当初は模倣から始まったが,次第に疑似モジュラー・オープン型アーキテクチャにより独自の車種の開発を進めていった。これにより低価格を武器に中国における市場シェアを急速に拡大している。その意味では,自動車産業においては,「中国型イノベーションシステム」は国有企業でもある程度成功したが,道半ばであり,むしろ民間企業においてその成果を生み出しつつあるといえる。

高速鉄道技術

国有企業による「中国型イノベーションシステム」の成功例として,高速鉄道技術がある。2003 年に中国政府は,高速鉄道建設計画の「中長期鉄道網計画」を決定したが,その際,中国政府は,海外企業から高速鉄道関連の完成品を輸入してはならないこと,中国国内企業との企業共同体から部品を調達すること,外国企業に基幹技術の供与を義務付けるなどの条件を課していた。すなわち,中国政府は,自国による高速鉄道技術の育成を図るために,

中国市場を外国企業に開放し,外国技術の導入を図ったのである。

　2004年6月,中国は国際入札の結果,日本の川崎重工を中心とする企業連合,フランスのアルストム,カナダのボンバルディアに高速鉄道技術の発注を行った。この際,複数の国,企業から異なる高速車両を受け入れることになるため,導入される高速鉄道軌道と車両の規格を統一することが条件とされた。中国はリーマンショック後の景気刺激策として大規模な財政出動による公共投資の一環として国内の高速鉄道網の整備を計画していたため,一挙に1万6000kmの高速鉄道を一国の企業によって行うことができないという事情があったようだ。2006年には,川崎重工に,東北新幹線の「はやて」の車両60両を発注した。日本企業は,外国技術を徹底的に吸収した後に独自の技術を改良するという「中国型イノベーションシステム」による技術導入の意図を十分に把握することなく,中国側の条件を受け入れ,中国の高速鉄道技術の開発と量産化に協力したのである。

　2011年7月には浙江省温州市で高速列車同士が衝突するという事故が起きた。事故の原因は信号システムにあるとされているが,日本の日立製作所が技術供与した信号技術の回路の駆動部分が技術流出を防止するためにブラックボックス化されており,中国側は技術を十分に理解できなかったのではないかと報じられている[2]。もし,これが事故の一因だとすると,中国による技術導入の在り方とその利用の仕方が根本的に問われる問題であるといえる。

　しかしながら,その後の中国の高速鉄道技術の開発はむしろ加速化している。中国南方車両公司は,独自に開発した8インチIGBチップの生産技術によって,これまでの世界最速の高速鉄道の記録である574km／時を超える605km／時を達成したという。2014年には,マサチューセッツ州ボストン地下鉄システム・プロジェクトの競争入札で,中国国有鉄道車両メーカー・中国北軍グループは284車両を受注した。2015年には,世界第1位の鉄道車両メーカーである中国北軍と同第2位の中国南車集団との合併により「中国中

---

[2] ジェームズ・マグレガー,前掲書,105〜106頁。

車有限公司」が誕生した。

　現在，日本の鉄道車両メーカーにとって中国メーカーは国際市場で最大のライバルの1つになっている。2015年8月には，インドネシア・ジャワ島の高速鉄道計画をめぐる日本と中国の受注合戦では，中国が破格の融資条件によって受注成功に傾いていることが報じられた。また，2015年10月にロンドンで行われた英中首脳会談において，英国中部で計画中の高速鉄道2号線において英国と中国の企業間連合が拡大させることが合意された。

　中国でこれほど短期間に高速鉄道技術が発展することができたのは，日本の川崎重工やJR東日本によって新幹線の基本技術が提供されたことに一因があることは間違いない。しかしながら，それだけではなく，その背景には，中国政府と企業による戦略的な技術吸収，獲得策が有効に機能していること，また，安全面など繊細な技術の把握には劣るものの，中国企業による技術吸収力は非常に高いものがあること，さらにコスト削減を含めた中国型の製品に改良する点に長じたものがあることを見逃してはならないだろう。今後は，日本企業は「中国型イノベーションシステム」に基づいた中国の技術開発の在り方や意図を十分に把握し，長期的観点から国際市場で勝つためのビジネス戦略と知財戦略を練り上げることが必要とされよう。

2　民間企業のイノベーション

起業家精神はいかに育まれたか

　前述のように政府の支援を受けながら，研究開発部門を拡充していった国有企業に対して，中央の製品開発機能が移転されることもなく，実際には，政府のよる優遇策を受ける国有企業の挟間のなかで，競争力を見出しながら成長していった地方の国有企業や民間企業も多数存在する。多くの産業や市場では国有企業と民間企業が混在して競争する混合市場となっているのだ。

　丸川知雄氏の『チャイニーズ・ドリーム』によれば，文化大革命が終結する前年の1975年時点においても，国有企業で働く人が5913万人，集団所有

企業で働く人が1718万人であったのに対し，自営業者が24万人いて，都市部の就業者の0.3％を占めていたという。例えば，温州市においては文化大革命の厳しい環境のなかから，民間人によってバルブ工場やスイッチ工場などが設立され，改革開放政策の始まった1978年以降には全面的に開花していった。最初に公然と認められた民間業者は，従業員7人内の自営業者であったが，当時の中国の銀行は自営業の創業を融資する制度もあり，起業家を支援する制度も存在していたという。1983年には農村住民に対して，生産品の販路を求めて長距離移動することが認められ，農民が自分の村以外でビジネスを行うチャンスを与えられた。1984年には，農民が近郊都市に台頭しつつあった集団所有の郷鎮企業で働けるようになった。また，1986年になると，私営企業の存在も法的に認められるようになり，8人以上の民間企業も公認されるようになった。

　丸川氏によれば，文化大革命という逆境下において，食扶ちを求め中国各地に行商人などの出稼ぎにいった人たちの間でネットワークが築かれ，このネットワークから得られた情報からさまざまなビジネスチャンスが生まれたという。ネットワークの仲介を果たしていたのは卸売市場であった。おりしも国有企業が，ニーズを無視して一方的に製品を生産しがちなのに対して，卸売市場を介して人々のニーズを見出し，果敢に起業する人たちが現れたのだ。例えば，温州市の北東にある柳市鎮のスイッチ産業が誕生したきっかけは，安徽省の炭鉱の友人から聞いたスイッチの一種の交流電磁接触器の部品が不足しているという情報をもとにスイッチ工場を設立したことにあるという[3]。

　中国人の起業家精神の源は，こうした文化大革命のような前代未聞の逆境のなかで鍛えられた庶民の生活の知恵に一因があるといえるかもしれない。また，毛沢東の「大躍進」政策は経済効率という観点からは最悪なものであったが，「自力更生」の思想により地域住民が必要な食料品や日用品や農具などは自給自足させていたために，無い物は自分たちで作るという風土が

3　丸川，前掲『チャイニーズ・ドリーム』，23頁。

形成されていた。毛沢東時代には，農民は農家の裏庭に鉄を鋳造して農具を作る工場を建設していたから，地方の農民は粗悪ながらも農具などを自力で作る技術と精神力を培っていたといえる。

　このようにして改革開放路線前から存在していた民間企業（郷鎮企業）は，改革開放路線により徐々に増え続け，1990 年代に入ると急増し，現在では，国有企業とともに，中国経済において重要かつ成長著しい存在となっている。民間企業の就労者は 1992 年の 800 万人から 2008 年には 8000 万人に増えた。

　民間企業のなかでも地方の郷鎮企業の台頭は特に著しい。郷鎮企業とは，郷（村）や鎮（町）などの農村の集団経済組織や個人が主な投資主体となって村が起こした農村支援義務を負う企業をいう。当初は，村や町の共同所有形態によるものと限定されていたが，1984 年に個人企業・私企業も郷鎮企業に含まれるようになった。郷鎮企業は 2 つの改革によって促進された。1 つは，経済成長を促進したり，財政的余裕が出た時の自立性を地方政府に与えたことであり，もう 1 つは，幹部評価の基準に現場の経済パフォーマンスを取り入れることによって経済成長に対するインセンティブを地方政府に与えたことである。郷鎮企業が中国経済に果たしてきた役割は大きい。郷鎮企業は，利潤と地代を地方政府に再投資することで国内市場の規模を拡大し，投資や雇用創出，分業の機会を増やすことに貢献した。

　このように多数の民間企業が台頭しつつある一方で，多くの経済活動は党の指揮下にある。国有企業のトップには党から直接指令が出され，投資先から，企業の役員の交代，解雇，昇進に至るまで，党の指揮下に置かれていることが多い。

　中国の改革は，市場を開放し競争を強化しつつも，あくまでもそれは一党独裁の支配の継続を前提とするものであり，中国の国益を最優先するものである。例えば，海外からの直接投資も歓迎したが，それは中国の国益に役立つものに限られた。1990 年代に日本企業は部品メーカーと一緒でなければ中国に進出することは歓迎されなかったという例がある。さらに，自国企業と競合関係にある外国企業との合弁事業により，技術やノウハウを吸収することが優先された。

このような党の政策，圧力，指揮下においても，中国では多くの起業家たちが育っていった。時には，共産党の幹部に取り入って何らかの安全確保の手段を確保しながら，また，他社の知的財産権を無視するなど，中国特有の手法で起業が行われた。

　このように中国において旺盛な起業家精神が誕生していった背景には，政府または起業家たちによって創出された産業構造のモジュール化，分業化があったといえる。「中国型イノベーションシステム」を最大限に利用して，さまざまな経路から，多くの起業家と民間企業が成長していったのだ。以下に，そのうちのいくつかの例を見てみよう。

奇瑞汽車

　奇瑞汽車は，1999年に安徽省蕪湖市政府傘下の投資会社が出資したメーカーを母体とするもので，地方政府が設立した企業である。設立からわずか10年後の2008年度には完成車生産量は35万台に達し，中国国内で第4位に位置し，自主ブランドメーカーとしては中国国内で最多の販売実績を有する。

　奇瑞がこのように短期間で成長を遂げたのは，第1章で述べた疑似オープン型の技術開発により，本来であれば自社で垂直統合的に内製するエンジン，トランスミッションまでも外製するという「中国型イノベーションシステム」を最大限に活かした製品開発を行ってきたからであるといってよい。英国フォードの中古のエンジンラインを購入し，エンジンは瀋陽航天三菱汽車のものを使用し，組み立てラインVWのスペイン子会社SEATの中古設備を導入して，ばらばらなものを寄せ集めて乗用車を組み立てていた。垂直統合とは対照的に，工程や部品をばらばらにして，様々なところから調達して，何とかつじつまを合わせて組み立ててしまうという手法である[4]。

　中国自動車メーカーがエンジン等の基幹部品を自社生産しないのは，例えばエンジンを作るのには，エンジンの金属部品を加工するための専用工作機

---

[4] 渡邊，前掲書，68頁。

械を何十台も必要とし，投資額が極めて大きいからである[5]。一方，自動車組立工場の場合，それほど高価な機械設備を導入しなくても自動車を組み立てることができる。そのため，中国の自動車メーカーは100社以上にも及んでいるのである。

奇瑞の1台目のモデルである「奇瑞・風雲」(1600cc) は一汽VWの「コピー」車ともいわれた。調達部品も一汽VWのサプライヤーからのものが多かったようである。このように，中国の部品メーカーは日本のメーカーと異なり，完成品メーカーの系列メーカーとして垂直統合された閉鎖的グループを形成していない。部品の多くは供給過剰となる場合が多く，部品メーカーとしても複数の完成品メーカーに供給することに躊躇はないのである。中国社会特有のモジュール型産業構造が形成されているのだ。

奇瑞は，2003年には，小型ハッチバック「奇瑞QQ」(1100cc) と中型セダン「奇瑞・東方乃子」(2000cc, 2400cc)，「風雲」の改良型の「奇瑞・旗雲」(1600cc) を発売した。「QQ」は韓国のGM大宇のマチスのデッド・コピー車であるといわれており，「東方乃子」のエンジンと自動変速機は瀋陽航天三菱汽車から購入したものであった[6]。模倣と基幹部品の疑似モジュラー化による組み立てという「中国型イノベーションシステム」の典型例である。GMは知的財産権侵害で，2003年に奇瑞を2度提訴したが，その後，奇瑞の株主が代わり2004年9月23日に生産ライセンスを取得した。同時に社名を上汽奇瑞汽車から奇瑞汽車有限公司に変更した。

2007年7月には，米国クライスラーとの間で米国向け小型車のOEM供給で調印した。クライスラーは振興勢力として力をつけてきた奇瑞をパートナーとして選んだが，この提携はのちに破棄された。

その後，奇瑞は，オーストリアのAVL社と共同で「ACTECO」ブランドのエンジンを開発し，知的所有権を有している。また，「汽車工程研究院」を設け，年間10％以上の研究開発比率で高級車の開発に取り組んでいる。

以上のように，奇瑞の製品開発は，「中国型イノベーションシステム」に

---

5 丸川，前掲『現代中国の産業』，196頁。
6 藤本・新宅，前掲書，232頁。

沿って，模倣から始まり，デザインや部品を外国から導入しつつ，次第にコア部品を内製化できる技術力を獲得していった。このようにして，外国技術と自社技術をミックスさせたイノベーションで成功してきている。

なお，中国地場メーカーは，他にも，米国のフォード・モーター傘下の高級車ブランド「ボルボ」を買収した吉利自動車（浙江省），華晨汽車（遼寧省）など100社以上の乗用車メーカーがある。また，国有自動車メーカーとしては，上海汽車，東風汽車，第一汽車などがあり，中国の自動車メーカーは外資を除いても100社以上に及んでいる。

ハイアール（海爾）

ハイアールは，1984年12月，青島冷蔵庫本工場（青島電冰箱総廠）として創業したことに始まる。当初は，従業員数百名による手作業で冷蔵庫を生産する町工場であった。その後，ドイツのリープヘルとの技術提携により冷蔵庫の生産ラインと関連技術を導入することにより中国において冷蔵庫の高品質生産企業の地位を獲得することに成功した。リープヘルはドイツを代表する建設機械メーカーで，建機の他にも鉱業，輸送機器や家電など幅広い製品を製造・販売している。1987年には現在のハイアール（海爾）に改称し，日本三洋電気の小型冷蔵庫の委託生産を開始したことをきっかけに，三洋電機からの冷蔵庫製造技術の技術支援が行われるようになった。

日本においては，2002年にハイアールジャパンセールス株式会社と，三洋電機と合弁で設立した「三洋ハイアール株式会社」がハイアールブランドの冷蔵庫，洗濯機，エアコンを輸入販売開始した。その後，2007年に三洋電機が冷蔵庫の製造をハイアールに委託する目的で「ハイアール三洋エレクトリック株式会社」を設立した。また，2011年7月には，ハイアールは，経営危機に陥った三洋電機から，白物家電（冷蔵庫・洗濯機）事業を行う子会社9社，ハイアール三洋エレクトリック株式会社の株式を，約100億円で買収した。この買収によりハイアールは，5か国における4生産拠点，2つの研究センター，および6つの販売ルートを獲得するとともに，三洋から受け継がれた製品についての「AQUA」ブランドも獲得した。

このように，ハイアールは三洋電機との技術提携，技術支援を通じて日本の得意とした家電製品の製造技術を習得して巨大な自国市場で競争力を高めることに成功し，さらに三洋電機が経営不振に陥ると，三洋電機からの事業買収によって，高品質な家電製品を製造するための製造拠点や研究開発拠点とブランド力をも獲得することができた。

ハイアールの戦略は，ファブレス化にあるといってよい。総合家電メーカーであるハイアールは白物家電に限らず，テレビ，パソコン，エアコンなど様々な電機製品を生産しているが，2009年に製造部門から撤退する宣言をして以来，生産からは退出してブランド力の強化を図っている。例えば，パソコンの生産は，台湾のPC製造受託メーカーに委託しており，エアコンについては，インド市場向けの生産の一部をインドメーカーへの製造委託を行っている。また，液晶テレビについても，台湾系ファブレス設計企業から買い付け，自社でアセンブリを行うとともに，国内企業に製造委託を行っている[7]。

ハイアールのようなアセンブラー企業は，部品を扱うのみで，部品の開発，製造を行わないため，技術革新の能力，蓄積がないといわれている。このため，部品の利用に当たっては特許の使用料が求められることが多い。中国政府は，中国企業の特許使用料が高いために自国企業の競争力が奪われるのを問題視して，ライセンス交渉を有利に進めるためにハイアールを含む中国のテレビメーカー10社の共同出資による「組合」[8]を設立させた。この「組合」は，10社がそれぞれ100万元ずつ出資し，各10％の株式を保有し，カラーテレビの特許使用料に関して一括交渉するものである。「組合」は，中国カラーテレビ技術の特許をプールし，中国カラーテレビ業界の知的財産戦略を定め，国際・国内規格の制定にも参画することを目指している。このように，独自の技術蓄積が少なく，知的財産権に弱みを持つ中国企業は政府の知財戦略によっても保護されている。

最近では，ハイアールは既存の白物家電においても，独自のイノベーショ

---

[7] 渡邊，前掲書，99頁。
[8] 同上書，98頁。

ンを生み出しつつある。例えば、日常生活では食事の際などの衣類にシミを付けてしまうことがあるため、その場ですぐ洗濯できるハンディ洗濯機「HCW-HW1」（愛称：コトン）を開発した。約200gの円筒形で、液体洗剤とティースプーン1杯（約5cc）の水で、シミになりそうな部分汚れを落とせる。また、スマートフォンなどはほかの人と差別化するために好みのカバーを付ける人がいるが、家電の場合、長く使うにもかかわらずデザインを変えるのは難しい。そこで同社では、ユーザーの好みに合わせてデザインを変えられる製品として、「冷蔵庫用 着せ替えカバー」を2015年春以降販売する。現在、ディズニーデザインのカバーが製品化される予定だという[9]。

　また、2015年秋に発売するアンドロイドOS搭載の液晶付き冷蔵庫は、あゆるものをインターネットにつなぐインターネット・オブ・シングス（IoT）を白物家電で実現したものだ。液晶に触れると食材の保管状況が表示され、足りない物はインターネットで買えるという[10]。

　ハイアールは、ドイツ及び日本の技術支援を土台として、さらに積極的に事業買収を行って、日本の白物家電の技術とブランドを獲得した。また、このようにして獲得した技術をベースとして、消費者のニーズに敏感で、かつインターネットの利用をした商品開発という中国が得意とするイノベーションを行いつつあり、まさに「中国型イノベーションシステム」を体現している企業といえるだろう。ハイアールは2015年にはアクア事業で欧米にも進出した。日本、アジアを中心にグローバルでの事業展開が進みつつある。

レノボ（聯想集団）

　レノボ（聯想集団）の創業は、1984年国の機関である中国科学院の計算機研究所の11人の研究員が20万人民元をもって設立したことに始まる。当時の名称は中国科学院計算所新技術発展公司で、外国ブランドの販売から出発している。その意味では、発足当初は国有企業に近いものであったが、その後の展開は実質的に民間企業といえるものである。1994年に香港株式市

---

9 『日本経済新聞』2015年2月10日。
10 『日本経済新聞』2015年6月3日。

場に上場し，1997年には聯想ブランドが中国内のパソコン売上トップを記録，2000年のビジネスウィーク誌はレノボを世界IT企業100社中，8位にランクするなど急成長を遂げている。

　レノボが世界的企業に躍進するきっかけとなったのは，2004年にIBM社のPC部門の買収により，株式の42.3%を取得したことにある。この買収により，同社のPCのシェアは，デル，ヒューレット・パッカードに次ぐ世界第3位となった。レノボは，買収後，5年間は「IBM」及び製品ブランドである「ThinkPad」などの商標を維持するとした。このことから同社の目的が世界市場に打って出るためのブランド力の獲得にあったとも分析されている。この「IBM」ロゴは2006月頃より徐々に外された。従来はThinkPadの天板とパームレストにあったIBMのロゴは，一般向け販売モデルでは存続したが，大規模導入をする特定企業向けカスタマイズモデルに関しては，IBMロゴではなく，ThinkPadロゴが入るようになった。2008年以降の製品より，一般向けも「IBM」ロゴは外れて「Lenovo ThinkPad」となった。

　また，2011年7月1日には，レノボが51%，NECが49%を出資する合弁会社「Lenovo NEC Holding B. V.」を設立した。また，その100%子会社としてレノボ・ジャパンと，日本電気のパソコン事業を担うNECパーソナルコンピュータの両社が入る事業統合を実施した。この事業統合は当初は対等であると報じられていたが，統合から5年後にレノボ側が合弁会社の全株式取得権を日本電気の同意があれば行使できることが明らかにされた。

　レノボは，2014年1月30日，今度はグーグルから同社の携帯電話端末部門であるモトローラ・モビリティを29億1000万ドルで買収することを発表し，米国の携帯電話事業にも参入することとなった。これにより，レノボは2000件以上の特許権からなる技術資産を取得することになった。

　グーグルがモトローラの携帯電話部門を買収した2012年以降，モトローラはスマホメーカーとして「ハイスペック」，「高デザイン」，「低価格」と特徴的な製品を定期的にリリースしてきた。アジアやヨーロッパでは製品数の減少と他メーカーの攻勢によりブランド力を落としているものの，北米や南米では今でもその人気は高い。モトローラを手に入れたことで，レノボの国

際展開が加速するだろう。

　2004年のIBMからThinkPadの買収に続くモトローラの買収により，2つのブランドを存続させながら国際展開と製品バリエーションの拡大を図った同社の戦略は成功を収め，冒頭で述べたように今やPC世界No.1に上り詰めている。

　2014年における世界のスマホ市場においては，韓国サムスン電子の24.5％，米アップルの14.8％に続き，レノボ・グループは7.2％で世界第3位のシェアとなった。第4位も中国のファーウェイの5.7％であった[11]。

　レノボのスマホは，2014年9月に発表されたハイエンドの「Vibe」シリーズを筆頭に，ミドルレンジモデルやエントリー系の低価格な製品も多数のラインナップを揃えている。Vibeシリーズは高スペックなSoCや高解像度ディスプレイを搭載しているが，先進国でのブランド認知度はまだ低く，ハイエンドモデルは中国外では苦戦している。低価格で高性能しかも黄色い華やかなレモンスマホK3は，中国の低価格スマホ中でも本体のカラーリングで差別化に成功し大きな注目を浴びている。スペックもMTKではなくQualcomを採用したミドルスペックとなっており，コストパフォーマンスの良さが人気となっている。

　このように，レノボの発展は大型買収によるブランド力の獲得による効果に支えられている点が大きい。矢継ぎ早の買収によって事業を拡大してきたレノボであるが，中国のスマホ市場の競争の激化によって，スマホ事業が失速するなど業績の伸びが鈍化している。これまで，買収によって技術やブランドを取得してきたが，独自のヒット製品を生み出せないのが弱みとされている。今後は，スマートウォッチやスマートシューズなどウェアラブル機器の分野において，独自の新製品開発によってさらなる成長を期している。

シャオミ（小米科技）

　中国は，社会主義国家でありながら旺盛な起業家精神を有する人々が様々

11　『日本経済新聞』，2015年2月25日。

なビジネスの起業に挑戦してきた国である。2011年 Global Entrepreneurship Monitor が世界50数か国で各国2000人を対象としたアンケートによれば，起業を準備している人と起業から3年半以内の「早期企業家」の割合は，中国は調査対象54か国中第1位で24％であった。ちなみに，日本は第50位で，5.2％であったという[12]。

このような旺盛な起業家精神は，インターネットの普及とともに，インターネットを利用したビジネスモデルのイノベーションを起こしている。前述したように，中国における2013年末時点のインターネット利用者は6億1800万人で，総人口に対するインターネット利用者率は50％弱に及び，スマートフォンや携帯電話などモバイル端末による利用率が非常に高いことが特徴的である。

シャオミはこのようなビジネスモデルイノベーションを起こした企業の筆頭である。2010年4月に創業された振興企業であるが，創立からわずか5年で，年商約1兆円となった。年商1兆円までに要した年数は，トヨタが60年，ソフトバンクが26年，アップルが20年，グーグルが9年であるが，シャオミは何と5年という最短記録を達成したのだ。

米国の雑誌『ファストカンパニー』は，シャオミを中国で最もイノベーティブな起業であると評した[13]。シャオミはスマホメーカーで知られているが，そのビジネスモデルの収益はスマホのハードにあるのではなく，インターネットサービスにあるといわれている。シャオミの CEO である雷軍は，シャオミを「携帯電話メーカーではなく，ネットワーク会社」と位置付けている。スマホ端末を原価に近い価格で販売し，アクセサリやサービスで利益を得るという Amazon のようなネットワーク会社と同様の手法で利益を得ているのだ。インターネットを中心にシフトウェア（MIUI）を開発し，「電子商取引＋直販」というインターネット流通チャンネルでの販売に特化しているのである。軍雷は，シャオミのライバルは，アップルやサムスンではな

---

[12] 丸川知雄「これだけは知っておきたい　中国経済の現在・未来」日比谷カレッジ講演資料，2015年6月4日。
[13] 陳潤『シャオミ　世界最速1兆円IT企業の戦略』ディスカヴァー・トゥエンティワン，2015年，96頁。

く，アリババ，テセント，バイドゥのBATにあると述べている。

　シャオミは2010年に元キングソフトCEOであった雷軍によって設立された。雷軍は中国のスティーブ・ジョブズと呼ばれ，シャオミのCEO以外にも，多元ゲームのCEO，キングソフトのCEOも務め，さらにエンジェル投資家でもある。2011年にはアンドロイドをベースとしたスマートフォンMI-One（小米手機）を発売して以来，年間1機種のみを大量生産して販売してきた。シャオミのスマートフォンは高機能で低価格であることをウリにして，若者を中心に支持され，中国市場でトップ3にまで成長してきた。

　伝統的メーカーではないシャオミがなぜスマートフォンで世界的な企業にまで成長することができたのだろうか。その背景には，やはりLSIの進化によって，スマホもパソコンのようにモジュール化されつつあり，経験の少ない小米のような新興企業でもスマホを容易に製造することができたことがある。例えば，タブレットについても，工場を持たないで，シャープやソニーのカメラを調達し，製品の組み立てはEMSにより台湾の鴻海に託している。EMSを活用することにより，自身は低価格の端末，スマホの新製品の企画，デザインの開発に特化している。また，シャオミが採用している部品は機能的にはハイスペックであるが材料自体は低価格なものでハイスペックを実現しているという[14]。その上で，シャオミは，インターネットを最大に活用して，ユーザーのネットワークを形成し，ユーザー参加型の開発を行っている点で，他社のスマホと差別化を図っている。

　シャオミは，初めアップルの模倣だといわれ続けてきた。確かに，シャオミのスマホのデザイン，マーケティングの方法，アフターサービス，新製品のプレゼン方法までアップルのそれに似ている。ところが，シャオミが実際に模倣したビジネスは，メイズ（魅族。中国の携帯電話メーカー）であった。メイズの設立は2003年で，MP3メーカーからスタートしたが，アップルのアイフォンの発表に感化されて，2007年にスマホの分野に進出し，中国で初めてスマホを売り出した。メイズの特徴は，メイズフォーラムにあり，

---

[14] 陳宗華「中国スマートフォン企業の破壊的イノベーションにかんする検討」（http://www.u-hyogo.ac.jp/mba/pdf/SBR/3-2/109.pdf）。

フォーラムは優秀な技術者たちが，技術に関する情報やスマホを使用した感想を述べ合ったり，同時にメイズの新製品の発表や，製品の問題点を収集したり，ユーザーの提案や意見を取り入れたりする機能を有していた。

シャオミのビジネスモデルの特徴は，MIUIと名付けられたフォーラムにある。MIUIでは，開発段階から一般の人，特にスマートフォン・クリークからほしい機能や改善したいところなどを積極的に募集している。シャオミのホームページにはMIUIに関する電子掲示板を設けてユーザーが最新版のスマホについての要望などを書き込めるようにしている。また，シャオミの技術者はMIUIなどのネット経由でユーザーと交流し，交流で得た提案を基にMIUIを改良すると，ユーザーによるネット上での人気投票を行っている。スマホや関連のサービスの使用もユーザーの投票で決め，ユーザーとともに成長していく手法をとっているのだ。さらに，ソフトウェアのテスティングについても，ユーザー希望者を募集して実施するなど，まさにユーザー参加型の開発，テスティングを行っている。これは，メイズのフォーラムを模倣し，進化させたものであるといってよい。

雷軍はイノベーションについて，奇想天外で自由奔放なものではなく，ごく小さな変化の積み重ね，いわゆるマイクロイノベーションの積み重ねだと考えている。マイクロイノベーションはやみくもに革新的なものを求めるのではなく，既存の基礎の上に，組み合わせ，並べ方などを変えて，多くの異なる効果を生み出すことにある。また，すべてが企業ではなくユーザーを中心とした発想より生まれるものだとしている。

シャオミのマイクロイノベーションの実例は次のようなものだ[15]。中国の携帯電話の約90％が搭載していたAndoridは，多くのユーザーが「電池の減りが早すぎる」という不満を持っていた。シャオミの研究開発チームは，MIUIを使って電池の問題を分析した結果，電池がなくなる根本的な問題はインストールされているアプリをバックグラウンド状態にしていると，システムが頻繁に再起動するためであることを発見した。そして，アプリケー

---

15 陳，前掲書，233～243頁。

ションコントロール機能を追加することにより，この問題を解決したのである。これにより，「シャオミ IS」の待機時間は最長 7 日まで延びたという。

　また，2014 年 3 月，ユーザーの「Wi-Fi」に対する渇望を満たすため，Wi-Fi 無料プロバイダーであるウィーワイドと提携し，シャオミの携帯電話ユーザーに向けて無料 Wi-Fi を提供した。ウィーワイドは全国各地の 2 万か所以上のスポットを設置しており，シャオミのユーザーはこれらの場所において無料で Wi-Fi を利用できるような機能を追加したのである。基本機能である通話に関しても，ユーザーにマークを付ける機能，知らない番号からかかってきたときの，業者の種類のマークを付けることができる機能などが盛り込まれている。さらに，着信音も，音が数回鳴ると音量が上がり，最後の数回は最大音となるが，着信音が鳴っているときに電話を取ると，方向の変化を感じ取ることにより自然に音が小さくなるという工夫がなされている。

　このような細かいイノベーションは全て，ユーザーのニーズや意見を MIUI によって拾い上げ，調査や分析をした上で採用された結果なされたものである。まさに，ユーザー中心の発想から生まれたイノベーションであるといえる。

　シャオミのビジネスの成功の要因は，MIUI をバージョンアップし続けて，顧客を囲い込むことではなかった。また，毎年，人気機種を売り出していることでもない[16]。このような従来のビジネスモデルとは異なり，インターネットを介して，ユーザーと親密な交流を持ち，親近感を持ってもらえるブランドを確立したことにあるといってよい。この点で，シャオミのビジネスモデルイノベーションは模倣の改良を超えた，極めて斬新なイノベーションであるといえるだろう。

　シャオミの弱点は，急成長したために技術蓄積が少ないことから知的財産権のポートフォリオが少ないことにあるといえるだろう。これは，起業により急成長した企業に共通する課題であろう。今後，シャオミは特許出願を急増させる計画があるという。また，グーグルがモトローラの知財を買収した

16　陳，前掲書，172 頁。

ように，必要な知財は買収によって獲得することもできよう。スウェーデン・エリクソンは，インドでシャオミを特許権侵害で提訴した。シャオミの今後の知財戦略に注目したい。

アリババ・グループ（阿里巴巴集団）

アリババは，1999年3月にジャック・マーにより創業された企業間電子商取引をサポートするマッチングサイト「阿里巴巴（アリババ・コム）」を運営する企業である。2014年3月期の売上高は8925億円（前記比1.5倍），営業利益は4236億円（同2.3倍）に達している。月間利用者数は2014年6月時点で2.8億人，サイト上での流通総額は2014年4〜6月の四半期で8.5兆円と楽天の18倍にも達している[17]。社員は2万人を超えている。

アリババが一躍注目を浴びたのは，2014年9月，ニューヨーク証券取引所（NYSE）において，新規株式公開（IPO）を行い，250億ドル（約2兆7000億円）の資金調達を達成したときである。中国農業銀行を抜いて史上最大の資金調達となった。

1964年に杭州で生まれたジャック・マーは大学入試に2度失敗し，教育大学を卒業後母校で英語の教師をしていた。その頃，米国を訪れた際に，インターネットに出会ったのがその後の人生を変えた。それまで，ITとは無縁であったが，インターネットの社会にもたらす影響を察知し，その魅力に取りつかれたのだ。その後，中国に戻り，中国で最初のインターネットサイトを立ち上げた後，企業のためのウェブサイトを立ち上げるビジネスなどを経てインターネット商取引ビジネスに到達した。

ジャック・マーとアリババの成功の鍵は資金調達にあったといえるだろう。1999年には電子商取引に商機を見出したベンチャー投資家が500万ドルの投資を行った。また，ソフトバンクの孫正義は，2000年に2000万ドル，2004年に6000万ドルを投資して，アリババの株式37％を取得したことが，アリババのその後のビジネスの展開に大きく貢献した。

---

[17] 莫邦富「アリババを率いるジャック・マーこと馬雲氏の発言に見る日本企業再興へのヒント」ダイヤモンドオンライン（http://diamond.jp/articles/-/63151）2014年12月4日。

アリババのビジネスの転機となったのは，2003年に「淘宝網（タオバオワン）」を無料にし，当時中国の電子商取引ビジネスに進出して顧客を拡大していたe-bayから顧客を奪い始め，さらに，2005年にはネット決済サービス「支付宝（アリペイ）」を導入したことにある。

　「支付宝」のビジネスモデルは，利用者が中国国内で銀行口座を開設して「支付宝」に登録し，アリババのHPから支付宝アカウントを開設した後，登録した銀行口座から支付宝に無料で資金をチャージして余額宝へ振り込むと日割りの利子が付く仕組みである。支付宝は，中国社会で，唯一信頼のおけるエスクローサービスとして支持を集め，今や世界最大級のオンライン決済会社に成長した。中国の中小銀行よりも人々の信用を集めているという[18]。

　「淘宝網（タオバオワン）」によりC2Cビジネスで成功したアリババは，そこで獲得した売り手を出店することによりB2Cビジネスを展開した。その後，さらにB2Bビジネスへと事業を拡大していった。

　アリババ国際サイトは，B2Bのオンライン・マーケットプレイスであり，サプライヤーとバイヤーのマッチングサイトである。製品を持った企業がAlibaba.com上に自社の製品を掲載することで，世界のバイヤーへ自社製品を紹介し，新たな取引先を世界中から探すことを可能にするものである。インターネットを利用することにより世界中で企業同士のマッチングができ，商社を通さずに輸出入を行うことができるため，中小企業が世界販路を開拓するのに役立っている[19]。

　2015年2月，アリババは中国の振興スマートフォンメーカー珠海市メイズ（魅族）に5億9000万ドル（約700億円）出資すると発表した。メイズのスマホを活用して，アリババのネット通販サイトで買い物がしやすいスマホを共同で開発する意図があるという[20]。今後は，ネットサービスのネットインフラ集団を目指して，クラウドコンピューティングを用いたネットインフラ事業を強化する方針である。

---

[18] 「中国の金融商品「余額宝」，ヒットの要因は「支付宝」の信用度」Harbor business online (http://hbol.jp/524)。
[19] 「阿里巴巴集団」Wikipedia。
[20] 『日本経済新聞』2015年2月10日。

ファーウェイ（華為技術有限公司）

　ファーウェイは，1987 年，深圳において元解放軍の技術者である任正非によってオフィス用分電盤の輸入代理店として創業された。全株式を社員が保有する100％民間会社で，2014 年に売上は 4560 億ドルに達し，世界最大の通信機器メーカーになった。2014 年には社員数は全世界で約 15 万人を有し，社員の 48％が研究開発に従事し，世界 170 か国に製品とサービスを提供する研究開発型グローバル企業である。

　ファーウェイの事業展開は中国国内市場から始まり 2000 年代の初期には，国内事業のみで年間売上 20 億ドルに達した。その後，執行国市場，次いで欧州に進出し最後に日本および米国に進出した。2008 年には年間売上の 4 分の 3 以上を海外事業が占めるに至った。

　ファーウェイは収益の約 1 割を研究開発に投資しており，研究開発拠点は世界に 12 か所所有している。例えば，米国には ASIC デザインの R&D センターがあり，インドのバンガロールにはソフトウェアデザイン・センターを有し，モスクワとストックホルムには無線技術の開発拠点を有している。また，シマンテックやシーメンスといったグローバル企業と合弁事業や提携事業を立ち上げ，多くの共同のイノベーションセンターを設立している。さらに，『ビジネスウィーク』誌や『エコノミスト』誌で広告キャンペーンを展開するなど，マーケティングにも巨額の投資を行っている。世界的なマーケティング・コンサルタント会社インターブランドに依頼し，ロゴを刷新するなど，ソフト面の投資にも怠りがない。

　管理システムについては，1997 年から IBM をコンサルタントとし，研究開発プロセスやサプライチェーンの改革を行った。また，人事管理については，人事コンサルティング会社のヘイグループの支援を得，財務システムについてはプライス・ウォーターハウス・クーパーズ（PWC）IBM の支援を受けている。品質管理ではドイツの FG 社からサポートを得るなど，欧米スタイルの管理システムを積極的に導入してきている。

　ファーウェイの成功の要因はこうした欧米系の経営手法を徹底的に吸収し，中国国内をはじめとする低コスト製造拠点へのアクセスを武器に世界展開し

ている点にあるといえる。技術開発においても外資系企業によって中国に持ち込まれた技術やノウハウを吸収し，それらを自社製品に応用し，世界各国に製品，サービスを供給している。ファーウェイのイノベーションはこのように「模倣」に基づいている。

ファーウェイの任正非総裁は，「他人がすでに開発しているものを真似るのは問題ではない。技術の秘密保持や，特許の問題がなければ，そのまま使えばいい。その後，適切に改良すれば，まさにそれがイノベーションなのだ。」このように，ファーウェイにとってイノベーションとは「70％は模倣でよいという前提において，知識や情報を共有し，利益を最大化する」というものである[21]。

ファーウェイの備品調達は，グローバルでの調達が急増しており，平均13.7％で伸びている。なかでも，日本の部品メーカーからの調達が，年平均21.7％（2009～2012年7月）と増えている。2011年の日本における購買金額は7.08億ドルに達した。日本の部品メーカーとは研究開発の段階から意見交換し，積極的にサプライチェーンに取り組んでいるという。

他社から部品を購買し，あるいは他社との合弁事業や提携事業によって技術を吸収し，自社製品に応用し，世界に製品を供給していくというファーウェイの事業スタイルにおいて，重要な柱となっているのが標準化活動と知的財産戦略である。ファーウェイはITUや3GPPをはじめとする多くの国際標準化団体のメンバーに加わり，多くの提案を行ってきている。第3世代携帯電話システムの標準化で中心的な役割を果たしている3GPPでは，UMTS（Universal Mobile Telecommunications System）に関するファーウェイの特許は全体の約7％を占めるに至っている。

ファーウェイのイノベーション戦略は次の6つの部分からなるという。
①継続的で巨額な研究投資
　研究開発の投資には毎年少なくとも営業収入の10％を投入している。
　2012年の研究開発費は48億ドルで，過去10年間の累計は190億ドルを

---

[21] 陳，前掲書，93頁。

超えている。人材面では，上述したように，15万人の社員うち7万人が研究開発に従事している。

②グローバルな研究体制

上述したように，研究開発拠点をグローバルに展開している。海外でも積極的に研究開発投資を行い，国境を越えた資源の有効な配置を目指している。

③基礎研究

応用研究と製品開発に関するイノベーションだけでなく，基礎研究にも力を入れている。

④広範囲な協力パートナー

研究開発における協力パートナーは，インテル，IBMのような民間企業だけでなく，各国の国家レベルの政府機関も含まれている。

⑤クライアントとの協力

クライアントとの関係を重視し，各国でクライアントと28の共同イノベーションセンターを設立している。

⑥知的財産の尊重と保護

クロスライセンスや有償による他社の知的財産権のライセンスを取得し，自社のイノベーションの加速に活用している。また，知的財産の取得も強化しており，これまでに中国国内で4万件以上，海外では3万件以上の特許を出願している。2014年に，ファーウェイの国際特許出願の件数は前年第1位のパナソニックを抜いて世界第1位となった。

さらに，ファーウェイは，GSM，UMTS，CDMA，WiMAX，LTEの各方式のいずれにも対応できる共通のプラットフォーム作りにも積極的である。自社の標準技術にのみ固執するのではなく，ソフトウェアの変更だけで，アップグレードを可能にするプラットフォームを提供することで，グローバル市場でのシェアを拡大する戦略を重視している。

まとめ

「中国型イノベーションシステム」は，国有企業によって支柱産業やハイテク産業において，中国政府が意図するように外国技術を吸収，獲得することによって遂行されてきた。中国の国有企業はまさに「中国型イノベーションシステム」の担い手であった。例えば，高速鉄道技術は，国有企業によって，日本の川崎重工やJR東日本によって提供された新幹線の基本技術が吸収され，コスト削減を含めた中国型の製品に改良されていった。これによって，中国の国有企業の鉄道車両メーカーは国際市場で日本企業の最大のライバルになっている。2015年8月には，インドネシア・ジャワ島の高速鉄道計画をめぐる日本と中国の受注合戦では，中国が破格の融資条件によって受注に成功した。

中国の鉱工業生産に占める国有企業のシェアは1998年には52％であったが2013年には，25％まで低下してきている。また，2012年における対GDP比率では，国有企業が25.3％，民間企業が37.2％と，民間企業のGDP比率が国有企業より上回っており，経済の主体が国有企業から民間企業に徐々に移行されつつある。

今後「自主イノベーション」を先導するのは民間企業であると見込まれている。例えば，自動車産業では，吉利汽車，奇瑞汽車などの新興の民間企業や地方企業は疑似モジュラー・オープン型アーキテクチャにより独自の車種の開発を進めてきた。自動車産業においては，「中国型イノベーションシステム」は国有企業でもある程度成功したが，むしろ民間企業においてその成果を生み出しつつある。

中国の民間企業は改革開放路線前から郷鎮企業の形態で存在していたが，改革開放路線により徐々に増え続け，1990年代に入ると急増し，現在では，国有企業とともに，中国経済において重要かつ成長著しい存在となっている。民間企業の就労者は1992年の800万人から2008年には8000万人に増えた。民間企業のなかでも地方の郷鎮企業の台頭は特に著しい。中国において民間

企業が成長した背景には，政府または起業家たちによって創出された産業構造のモジュール化，分業化があったといえる。「中国型イノベーションシステム」を最大限に利用して，さまざまな経路から多くの起業家と民間企業が成長していった。

　このような民間企業のなかからは，グローバル市場でトップクラスの世界的企業も現れてきている。例えば，家電製品のハイアール，パソコンのレノボ，スマホのシャオミ，電子商取引のアリババ，通信機器のファーウェイなどである。

第3章
知的財産制度の整備と進展

　中国政府は，2020年までに中国を知財創作，運用及び保護に関して管理水準の高い「イノベーション型国家」にするという目標を掲げ，2015年までに，発明，実用新案，意匠の年間出願件数200万件とするなどの具体的目標を掲げている。これを受けて，中国の特許出願の件数は2010年には39万件に急増し，2011年には米国の約50万件を抜いて約52万件となり世界で最大となった。また，中国においては，知財紛争も急増しており，知的財産権侵害訴訟においても米国を抜き世界最大となっている。

　本章では，中国の知財関連の法制について，標準化，独占禁止法，不正競争防止法，ライセンス関連法規の概略について解説するとともに，判例，事例に基づいて最近の運用動向について考察する。

1　知財大国化する中国

模倣国家からイノベーション国家へ

　中国は2001年におけるWTOへの加盟を契機として，国家を挙げて先端技術の研究，開発に取り組んでいる。中国企業のなかでは，すでにグローバルに事業を展開し，研究，開発においても先進国企業を超える力を有している企業も現れてきている。その結果，研究，開発の成果物としての特許，実用新案，意匠などの出願件数は，諸外国を凌駕する圧倒的な速度で増加している。世界知的所有権機構（WIPO）の発表によれば，2014年の特許の国際出願件数のトップはファーウェイの3442件であり，2位の米国クアルコムの2409を1000件も上回っている。また，3位が中国の中興通訊（ZTE）の

2179件であり，国別出願件数では中国が前年比19%で大幅に増加している。

中国政府が知的財産権の強化に踏み切ったのは日本が2002年に「知財立国」を掲げて「知的財産戦略大綱」を公表したことをきっかけとしている。その2年後の2004年には，呉儀副総理を中心として「国家知的財産権保護作業チーム」を立ち上げ，模倣者の取り締まりに取り組み始めた。そして，同年12月に中国特許庁は「知的財産第十一次五か年計画の青写真の制定に関する通知」を発表し，次の知的財産権保護の強化策を打ち出している。

(1) 自主知的財産権と著名ブランドを有する国際協力のある大企業集団の積極的発展
(2) 知的財産権保護集中活動「知識産権専項行動」の更なる展開

2006年2月には，国務院より「国家中長期科学技術計画（2006-2020）」が策定され，①自主創新，②発展支持（支援），③重点飛躍，④未来誘導の思想に基づき「自主創新（独自のイノベーション）」を目指すことが定められた。具体的な数値目標としては，2020年までにR&D投資を対GDP比2.5%以上（2010年までの中間目標2.0%であったが，現実には1.76%であった）とする，中国人による発明特許・科学論文引用数の両方を世界5位以内にランクさせる等が掲げられている。

その後，2008年6月に国務院から発表された「国家知的財産権戦略要綱」を受けて2009年10月に特許法の第3次改正が行われた。この「国家知的財産権戦略要綱」には，2020年までに中国を知財創作，運用及び保護に関して管理水準の高い「イノベーション型国家」にするという目標が掲げられ，次の5つの重点戦略が示された。

(1) 知財制度の整備
(2) 知財の創造と活用の促進
(3) 知財保護の強化
(4) 知的財産権の濫用の防止
(5) 知財文化の育成

さらに，2010年11月には，国家知識産権局は，自主創新能力の向上のため，「全国専利事業発展戦略（2011-2020）」を策定し，2015年までの目標件

数として以下の具体的数字を掲げている。
①発明，実用新案，意匠の年間出願件数　200万件（特許39万1177件，実用40万9836件，意匠42万1273件）
②中国人の発明専利年間授権件数　世界第2位（7万9767件）
③100万人当たりの特許保有件数　倍増（422件）
④海外特許出願件数　倍増（1万1244件）

急増する知的財産権出願

　図表3-1に示されるように，中国の特許，実用新案，意匠出願は，それぞれ2000年から急増している。図表3-2には，日本，米国，EU，中国，韓国の特許出願の推移をグラフで示したものであるが，中国の特許出願の件数は2000年には5万件ほどであったが，2008年の「国家知的財産権戦略要綱」の発表から2年後の2010年には39万件と日本を抜き，2011年には，米国

図表3-1　中国の知財権出願件数

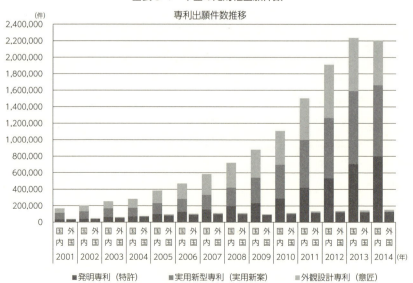

（出所）IP　FORWARD　HP（https://www.ip-fw.com/information/）

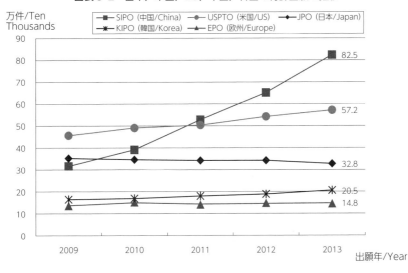

図表 3-2 日本，米国，EU，中国，韓国の特許出願の推移

（出所）特許庁 HP（https://www.jpo.go.jp/shiryou/toukei/xls/status2015/1-12.xisx）

の約50万件を抜いて約52万件となり世界で最大となった。また，2013年の1年間の特許，実用新案，意匠の出願件数の合計は205万件を超えている。このうち中国国内企業からの出願は，2004年以前は半分に満たなかったが，2005年以降急増し，2011年には国内企業の出願件数は全体の3分の2を占めており，その総数は日本の出願件数を上回っている。

また，このような出願の急増にもかかわらず，審査期間が延滞していない。2011年では，特許査定または拒絶査定するかの最終的な審査期間が約23か月であり，審査官による最初の審査期間は約11か月となっている。これは，中国特許庁では，審査官の人数を倍増させるなど，出願の増加に国家的に対処しているためである。

中国政府は，特許出願を増加させるための方策として，地域ごとに様々な出願費用等の助成制度を設けている。例えば，中間村サイエンスパークでは，国内特許権の取得に対して1件当たり5万人民元，国際特許出願について，1件当たり5000人民元の助成制度が設けられている。また，上海市では，

国内特許の出願費用，審査請求料，登録費用の実費を助成する制度や外国特許出願による特許権の取得について1件当たり3000人民元の助成制度が設けられている。さらに，2009年に施行された「国外特許出願専門助成金管理暫定施行弁法」は，国際出願およびパリ条約に基づく外国出願により1か国10万人民まで，最大5か国までの出願費用を助成する制度が設けられている。

　2008年に発表された「国家知的財産権戦略要綱」，2010年に発表された「全国専利事業発展戦略（2011-2020）」を受けて，中国の知的財産権に対する意識は着実に向上し，世界でもまれに見る各種知的財産権出願の急増という成果をもたらしている。

　このように，中国政府の知的財産権の強化戦略はこれまでのところ十分に功を奏したといえるだろう。

　ただし，出願から7年および10年までに消滅している割合は，特許権の中国権利者の場合，57％，90％であり，実用新案権の中国権利者の場合，54％，82％，意匠権の中国権利者の場合68％，91％であり，中国権利者の権利維持率は非常に低いのが実情である。これは，出願の目的が出願補助金や法人税減免であることが多いためとされている。

　このような状況下，2013年12月には，特許庁より特許出願の向上のための意見書が出されており，今後は，中国企業による出願も量から質への転換が求められている。

　また，国際出願においても，中国企業の出願件数は急増している。国際出願の件数では，2010年以降は，米国，日本，ドイツに次いで世界第4位となっている。また，企業別にみても世界知的所有権機構（WIPO）によれば，2014年の国際出願件数の首位は中国の通信機器大手のファーウェイの3422件であり，3位も中国通信機器大手の中興通訊の2179件であった。なお，4位はパナソニックの1682件，5位は三菱電機の1593件であり，日本企業も健闘している。

増大する知財紛争

中国においては，知財紛争も急増している。中国では，1990年代までは知財訴訟はほとんどなかったといってよい。図表3-3は，最高人民法院が公表している司法統計データに基づく全国地方人民法院が受理，結案（訴訟手続が終了した案件）した知的財産権民事事件一審の件数の推移を示すグラフである。受理件数は2008年から2012年の4年間で急増している。また2011年，中国の全国地方人民法院が受理した知的財産権民事事件一審件数は5万9612件（うち，専利は7819件）にも上り，これは同年の日本の知的財産権民事事件一審518件の100倍以上にもなる。

これら知的財産権民事事件一審で最も多いのは著作権に関するもので，全体の半数以上を占めている。次に多いのが商標権に関するものであり，次いで特許権，実用新案権および意匠権に関するものである。なお，これらの件数には権利侵害事件だけでなく，権利の帰属に関する紛争なども含まれてい

図表3-3 中国の知財訴訟件数の推移

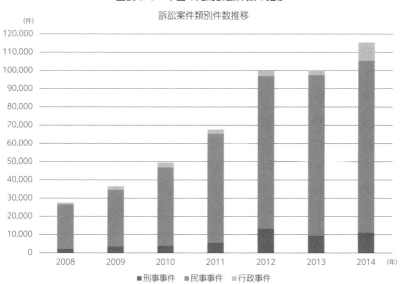

（出所）IP FORWARD HP（https://www.ip-fw.com/information/）

るため，例えば，2011年の専利（特許権，実用新案権および意匠権）の侵害訴訟は7819件より少なくなる，それでも日本はもちろん，米国の特許権侵害訴訟件数より多くなっている。

中国において外国企業はどの程度知財紛争に巻き込まれているのだろうか。全国地方人民法院が結案した渉外知的財産権民事事件一審の件数の知財訴訟全体に占める渉外事件の割合は，2005年から2011年にかけて，それぞれ2.0％，2.5％，3.8％，4.8％，4.5％，3.3％，2.3％であり，大部分は中国企業同士の訴訟であるといえそうである。ただし，外資系企業の中国法人の事件は渉外事件には分類されておらず，外資系企業の中国法人が中国企業に訴えられるケースは増加しているといわれている。また，外資系企業の場合，侵害訴訟の際に，権利が無効化されるケースが増えているという。

中国で特許訴訟が増加傾向にある理由としては，中国政府が知的財産権の取得を奨励し，特許の出願件数自体が増えていることが主たる原因と思われるが，それ以外に次の点が考えられる。中国は生産拠点になっており，生産量の増大とともに競争が激しくなり，権利侵害のケースが増えていること，また，第1章で述べたように中国に研究開発拠点を移す企業も増えており，知財権を行使する企業が増えていることなどである。

なお，実用新案侵害事件はそのほとんどが中国人当事者によるものであり，外国法人が絡むものは0.2％と非常に少ないという分析結果がある。同分析結果によると外資系中国子会社が被告になっているものは全体の5〜10％程度であるが，全体の数が多いため，外資系の中国法人が中国企業により実用新案権により権利行使されるリスクは無視できない。また，実用新案権を行使した事件が全体の60％以上が中国の個人によるものであり，中国実用新案侵害事件においては中国個人の動向に注意を要する[1]。

また，実用新案権侵害事件における損害賠償額の平均額は7万7570元（約97万円）であり，少額であるといえる。ただし，一審判決で3.3億元（当時のレートで約50億円）もの賠償請求が認められた「正泰 vs シュナイ

---

[1] 「中国は「訴訟大国」？ 日本企業がパテントトロールの被害にあう可能性は」MONOist（http://monoist.atmarkit.co.jp/mn/articles/1209/07/news003_2.html）。

ダー事件」のように，外国企業が関係する実用新案の侵害事件で高額の損害賠償が認められており，実用新案とはいえ油断はできない。

知財法院の設立

　2014年8月31日に行われた中国第12期全国人民代表大会（全人代）常務委第10回会議において，北京，上海，広州に知的財産権法院（裁判所）を設置することが決定され，同年11月3日より施行された。これは，国のイノベーション駆動発展戦略を推進し，知財の司法保護を一段と強化し，権利者の合法的権益を確実に守り，社会公共の利益を守ることを目的とするとされている。

　知財法院は，特許，植物新品種，集積回路配置設計図，技術秘密など専門的技術性の強い第一審知財民事・行政事案を管轄する。国務院行政官庁の裁定または決定に不服で提訴した場合の第一審知財授権・権利確認行政事案は北京知財法院が管轄する。知財法院は事案について地域の枠を越えた管轄を行う。

　知財法院の設置場所としては，特許などの事案が相対的に集中し，裁判業務の基盤が比較的良い北京，上海，広州が選ばれた。北京知識産権法院は，2014年11月6日に成立され，2015年11月6日までに7918件を受理した。最高人民法院の統計データによると，その内一審案件が6699件，二審案件が1204件，上訴案件が15件であった。北京知識産権法院が受理した事件のうち特許・実用新案・意匠と商標の権利付与・権利確認に関する行政事件の割合は全体の4分の3以上となっている。また，外国関連の事件は一審件数の39.4％であった。

　知財法院所在市の末端人民法院の第一審著作権，商標などの知財民事・行政判決，裁定に対する上訴事案の審理を知財法院が行う。また，知財法院の第一審判決，裁定に対する上訴事案の審理は知財法院所在市の高級人民法院が行う。

2 知的財産関連政策と法規制

標準化政策

中国の標準化は，1988年に制定された「中華人民共和国標準化法」に基づいて，標準の制定，実施及び管理が行われている。さらに2001年には国務院直轄の「国家標準化管理委員会（SAC：Standardization Administration of China）」を設置して，国家の標準化行政の監督機関及び国家規格の監督機関として位置付け，中国国内に存在する規格を「国家規格」，「産業規格」，「地方規格」，「企業企画」の4層に体系化した。中国の標準化組織は，政府主導で国策として標準化の政策担当者と技術者の意識統一が図られており，国際標準化を重点施策として掲げることにより，組織が一丸となって柔軟に活動できる点で強みを発揮している。

＜中国政府の標準化基本原則＞

SACは2007年3月に「第11次経済社会発展5か年計画」を公表し，標準化政策を展開する際の次の4つの基本原則が示された。

①市場経済に則り，ニーズにマッチした規格を開発して，市場への参入と市場秩序の安定期に寄与すること

②農業，食品，安全，衛生，環境保全，省エネルギーとエネルギーの総合利用，ハイテク産業，サービス業等の重要産業の競争力の強化などの中国経済社会の発展のための重点分野の発展に資すること

③「自主的革新」の基本方針に立って，自主的革新技術に基づく規格の開発を強化し，中国製品と産業の国際競争力の向上に資すること

④WTOルールを遵守するという大原則のもと，積極的に国際規格を採用するだけでなく，中国の技術的優位性のある規格を国際規格といった「国際標準の現地化」から「国家標準国際化」を図ること

20世紀においては，中国の製品開発レベルが先進国企業による技術標準の形成に参加することができるほどのレベルに達していなかったため，中国

企業は先進国企業の形成した技術標準の利用者に過ぎなかった。ところが，今世紀に入り，エレクトロニクス製品や通信機器において独自の技術を開発するようになると，中国企業による国際特許出願数が急増するとともに中国政府は積極的に国際的な技術標準化活動に参入するようになった。この理由の1つは，過去において先進国企業がパテントプールにより形成した技術標準化により高額なライセンス料を払わなければならなかったという苦い経験があるからである。例えば，中国のDVD産業においては，外国に対してこれまでに支払った特許ライセンス料の総額は100億元（約1400億円）を超えるといわれている[2]。

前述したように，中国の国際特許出願件数は2012年には1万8627件となり，国別では，米国，日本，ドイツに次ぐ4番目に位置するようになっている。中国は，これらの特許を利用して，必須特許として技術標準化すれば，中国企業に莫大な利益をもたらすと考えているようである。

＜知的財産権濫用による競争排除・制限行為の禁止に関する規定＞

2014年6月に公表された「工商行政管理機関の知的財産権濫用による競争排除・制限行為の禁止に関する規定（意見募集稿）」（以下，「規定」）においては，技術標準と特許権の行使の関係について第13条において次のように定められている。

事業者は，知的財産権行使の過程において，標準（国家技術規範の強制的要求を含む。以下同じ）の制定と実施を利用して，競争の排除・制限行為を行ってはならない。市場支配的地位を有する事業者は，正当な理由がない限り，標準の制定と実施の過程において，次に掲げる行為を行ってはならない。

(1) その特許が関係標準に取り入れられる可能性があることを知りながら，意図的に標準の策定組織にその権利情報を開示しない又はその権利を放棄すると明確にしたが，その特許がある強制標準となった後に，当該標準の実施者にその特許権を主張すること。

---

[2] 岸宣仁『中国が世界標準を握る日』光文社，2005年。

(2) その特許が標準の必須特許となった後に，公平，合理的かつ非差別的原則に背き，他の事業者が合理的な条件で当該特許を実施することを拒絶し又は不公平な条件で特許の実施許諾を行い又はその特許の実施許諾の過程において抱き合わせ販売行為を実施すること。本規定で標準の必須特許とは，当該標準を実施する上で不可欠な特許をいう。

＜国家標準と特許に関する管理規定＞
　また，国家標準については，「国家標準と特許に関する管理規定」が2014年1月より暫定的に施行されており，同規定第9条には以下のとおり規定されている。
　「国家標準が改訂過程にあり特許に関係する場合，全国専業標準化技術委員会または管理集約単位は適時に特許権者または特許出願人に特許実施許可声明を出すように要求しなければならない。該声明は特許権者または特許出願人により以下の3つの内容から選択された1つでなければならない。
(1) 特許権者または特許出願人は公平，合理，非差別を基礎として，無償でいかなる組織または個人に，国家標準を実施する際その特許を実施することを許可することに同意する。
(2) 特許権者または特許出願人は公平，合理，非差別を基礎として，有償でいかなる組織または個人に，国家標準を実施する際その特許を実施することを許可することに同意する。
(3) 特許権者または特許出願人は，以上2種の方式に基づく特許実施許可に同意しなければならない。

＜ファーウェイVS米インターデジタル社の判例＞
　判例では，中国企業のファーウェイが米国企業のインターデジタル社（IDC社）を中国独占禁止法違反として深圳中級人民法院に提訴したケースにおいて，広東省高級人民法院は「取引条件が基本的に同一である状況下では，基本的に同じ許可費を取得すべきであり，または，基本的に同じ許可使用費率を採用すべきである。非差別的条件に適合するか否かを判断する場合，

往々にして比較方法を通じて確定する必要がある。基本的に同じ取引である条件下，標準必要特許権者がある一の被許可人に比較的低い許可費を設定した場合，他の被許可人に比較的高い許可費を付与し，対比を通じて，後者は，差別待遇を受けていると考える理由がある」，「従って被告が同様の標準必要特許を実施する場合，原告と，アップル公司，サムスン公司等との間の標準必要特許許可費率は，重要な参考値を有する。原審法院はまた本案の実際情況を考慮しており，サムソン公司と原告との特許許可費率の達成は訴訟背景の元で達成されたものであり，アップル公司と原告との間の特許許可費率は完全に双方平等，自由意思での協議で達成したものであることを考慮しており，それ故，主に，原告とアップル公司との間の特許許可費率を参考とすることは適当である」と述べて，RAND 条件ライセンス料は 0.019％と認定した例がある[3]。

このように，中国においても，技術標準における特許をライセンスする際の FRAND（Fair, Reasonable and Non-Disclosure）や，技術標準に属する必須特許のホールドアップを禁止した権利行使の条件等が定められ，先進国並みの規制が運用されるようになった。

また，中国は製品のコストダウンを図るためノウハウの標準化も行う傾向にある。通常，ノウハウは技術の差別化のため，標準化せずに秘匿化するものである。ところが，中国は，例えば，インクカートリッジや携帯電話の安全性に関するノウハウについて標準化，設計図化することにより，ノウハウをオープン化することも行っている[4]。

＜中国における標準化事例＞

中国市場では，これまでに中国版 DVD に「EVD」，無線 LAN 国家標準「WAPI」，第三世代（3G）携帯電話の国際標準「TD-SCDMA」，第四世代 LTE 移動体通信規格のための暗号化アルゴリズムである ZUC などが成立している。EVD（Enhanced Versatile Disk）は，中国政府の指導のもとに，

---

[3] 広東省高級人民法院判決（2013）305 号，2013 年 10 月 16 日。
[4] 清水至「中国における標準化戦略」『パテント』Vol.62, No.10, 2009 年。

家電大手の上海広電集団などが共同開発したものであり，次世代 DVD 規格として中国の国家標準となっている。DVD に対して，高解像度の映像収録を可能にしている点が特徴であり，DVD には及ばないものの中国市場では徐々にシェアを伸ばしつつある。

　無線 LAN では，現在，米国電気電子学会（IEEE）が定めた「Wi-Fi」が事実上の国際規格となっているが，中国政府は 2003 年，自主開発の暗号化技術を応用化した「WAPI」を作製した。また，中国政府は 2003 年 11 月に，WAPI に準拠しない製品の国内への輸入販売等の禁止措置をとったため，米中間の貿易摩擦に発展した。その後，中国は WAPI の国際規格化を図ったが，ISO/IECJTC1 は国際規格として採用することを否決する一方，IEE 802.11i を国際規格として採用することを決定した。

　そして，移動通信技術の第三世代（3G）携帯電話において，中国発の「TD-SCDMA」という標準規格が，ノキア，エリクソン，NTT ドコモを中心とした「W-CDMA」と米クアルコム，KDDI を中心とした「cdma2000」との競争に参画した。第三世代とは，第二世代よりデータ通信速度が速く，音声やメールの受信だけでなく，動画の送受信も可能とするものである。第二世代において欧米の GSM 規格や CDMA 規格を採用していた中国は，第三世代において巻き返しを図った。2000 年において国際電気通信連合（ITU）は，各規格の調整による世界統一をあきらめて，中国発の TD-SCDMA を含む 5 つの技術を世界標準と定めたのである。そして，中国政府は TD-SCDMA が実用化可能になるまで第三世代サービスを認めないという方針をとり，さらに，国内最大の通信業者である中国移動に TD-SCDMA の採用を義務付け，TD-SCDMA には最も大きな周波数帯を割り当てて，TD-SCMDA の普及を図ったが，TD-SCDMA の実用化が遅れたため，結局，中国における第三世代サービスが始まったのは先進国より 8 年も後の 2009 年初めであった[5]。

　また，第四世代 LTE 移動体通信規格のための暗号化アルゴリズムである

5　丸川・梶谷，前掲書，129 頁。

ZUCは2011年9月に欧州電気通信標準化機構によって承認された。そして，2011年11月には中国国内で第四世代（4G）に使用できる暗号化アルゴリズムはZUCだけであることが発表された。外国企業に中国市場で中国のLTE規格を使用させるための布石である意図が読み取れ，市場の大きさを武器に外国でも普及させようとする戦略が潜んでいるようである[6]。

2013年には，ブロードバンド中国，TD-LTE，クラウドコンピューティング，ItoT，IDC，SDN，次世代衛星通信，情報安全，産業規制の分野を重点領域として設定している。このうち，通信分野においては，中国通信標準化協会（CCSA：China Communication Standards）が中国の通信産業規格を管轄する標準化機関として2002年に設立された。CCSAは，国際標準化機関や標準化会議との協調活動を積極的に行っており，2012年までの10年間に各国際標準化団体へ提出した奇書は4万件を超え，採択率も年々向上している[7]。

また，中国は，ISO（International Organization for Standardization），IEC（International Electrotechnical Commision），ITU（International Telecommunication Union）などの役職の引受数も年々増加している。

中国政府が標準化政策に熱心なのは前述したような過去における高額なライセンス料の支払いという苦い経験とともにネットワーク外部性の効果の大きさを十分に認識しているからであろう。技術がアナログからデジタルに移行し，ネットワーク，特にインターネットが進化したことにより，テレビ，デジタルカメラ，複写機，パソコンなど多くの製品がネットワークへの接続を有するものに変化した。これによって，これらの製品から消費者が得る効用は，その製品と技術標準が共通する製品のネットワークが大きければ大きいほど高まる。例えば，VTRでは，かつてVHS対ベータの標準化競争があったが，多数の映像ソフトを見られるとの消費者への効用は，画質の多少の違いよりも大きいといえる。また，ネットワーク外部性は，技術標準間において，敗れた技術標準のネットワークに参加している消費者は他の技術標

---

6 ジェームズ・マグレガー，前掲書，90～91頁。
7 池上大介『中国における国際標準化動向』NTT技術ジャーナル，2013年。

準のネットワークに転換するためには高いコストを支払わなければならないという不利益を被ることになる。この2点の理由により，標準化競争に勝利した技術標準に適合する製品はより多くの消費者を取り込むことが可能となる。

中国政府は，自国市場の巨大性という優位点を活かして，自国市場において独自の標準化技術を確立することにより，中国市場に参入する外国企業にその標準化技術の採用を義務付けることを狙いとしているようである。中国市場の巨大性からして，一旦中国において標準化に参加した製品技術は，価格優位性等により他の市場においても競争力を有し，世界標準となる可能性すら有しているからである。

しかしながら，中国政府のこのような戦略はこれまでのところ大きな成果をみていない。その大きな理由の1つとして技術進歩によって1つの製品によって複数の技術標準に対応することが可能になっている技術分野が現れてきたことが挙げられる。例えば，携帯電話では，ヨーロッパで標準化され世界的に広まった第二世代の移動通信技術であるGMSと日本のNTTが開発した他の技術標準であるPDCの両者に対応する製品は，高コストになるため，そうした製品を製造されることは少なかった。ところが，第三世代になると，通信事業者が第二世代（GMSなど）と第三世代（W-CDMAなど）の複数の技術標準による通信サービスを並行して提供するようになった。これは，IC技術の進歩によって1つの携帯電話機によって複数の技術標準に対応することが可能になり，技術標準を切り替えるコストが劇的に下がったためである[8]。したがって，たとえ前述した中国発のTD-SCDMAを採用する通信技術者が世界に広まったとしても，これによって携帯電話市場を中国企業が独占できるものではなくなっている。

これらの例は，中国政府のいう標準化政策とは裏腹に，中国における技術開発のスピードが先進国の技術開発の進展と自国の産業政策に追いついていけなかったために生じたといえる。また，複数の技術標準に容易に対応でき

8　丸川・梶谷，前掲書，130頁。

る製品開発がなされるようになり，標準化による市場への影響も変質してきているといえる。

しかしながら，13億人という巨大市場の強みを有する中国の標準化政策については，今後とも油断せずに監視する必要があることに変わりはない。

反独占政策

「中華人民共和国独占禁止法」（以下，「独占禁止法」）は，2007年8月30日に開かれた第10期全国人民代表大会常務委員会第29回会議で採択され，2008年8月1日より施行された。独占禁止法の採択は，市場経済化が急速に進んでいる中国において，公平な競争を保護し，経済運営の効率を高め，消費者利益と社会公共利益を維持し，いわゆる社会主義市場経済化の健全な発展を図ることを目的している。

独占禁止法50条は，「事業者が独占行為により他人に損害をもたらした場合，法に基づき民事責任を負う」と規定している。また，同法55条は「事業者が知的財産権に関する法律，行政法規の規定に基づき知的財産権を行使する行為については，本法を適用しない。ただし，事業者が知的財産権を濫用し，競争を排除又は制限する行為には，本法を適用する」旨規定し，独占禁止法が知的財産ライセンス契約にも適用されることが示唆されている。

＜知的財産権濫用による競争排除・制限行為の禁止に関する規定＞

前述したように，2014年6月には，規定（「工商行政管理機関の知的財産権濫用による競争排除・制限行為の禁止に関する規定」）を発表した。「規定」の主な内容は次のとおりである。

(1) 規定を制定する目的を明確にするとともに，関連の概念について，必要な解釈を行った。第一に独占禁止法と知的財産権の保護とは，イノベーションと競争の促進，効率の向上，消費者利益及び社会公共利益の擁護という共通の目標を持っていることを明確にした。第二に，工商総局で受け持つ独占禁止の機能に基づき，この規定にいう知的財産権濫用による競争排除・制限行為とは，「独占禁止法」及びその他の知的財産権に関する法

律，行政法規の規定に違反した事業者の知的財産権行使，独占的協定の実施，支配的市場地位の濫用等の独占的行為をいう，と明確に定義した。第三に，規定に言う関連市場は，「独占禁止法」及び「関連市場の定義に関する国務院独占禁止委員会のガイドライン」に基づいて定義され，かつ，知的財産権，イノベーション等要素の影響が勘案されるものであると明確にした。

(2) 事業者は知的財産権行使の過程において独占的協定を結ぶことが禁止されている。全体として，事業者が知的財産権行使の過程において独占的協定を結ぶことを禁じるとともに，セーフハーバーのルールを定めた。

(3) 市場支配的地位を有する事業者は，知的財産権行使の過程において市場支配的地位を濫用して，競争の排除・制限をすることが禁止されているが，独占禁止法の執行において，執行機関では，知的財産権を他の財産権と同様に取り扱い，市場支配的地位は，「独占禁止法」第十八条及び第十九条の規定により認定・推定されることを明確にした。事業者が知的財産権を持っていることが，市場支配的地位の認定要因の1つとなり得るが，事業者が知的財産権を有していることだけによっては，関連市場に市場支配的地位を有するとは推定されない。また，知的財産権の実施許諾の拒絶や，取引制限，抱き合わせ販売，不合理な制限条件の付帯，差別的な扱い等，実務ではよく見られる具体的な濫用行為をいくつか規定した。そのうち，市場支配的地位を有する事業者が正当な理由なく，知的財産権の実施許諾を拒絶することを禁じる規定は，独占禁止法上の市場支配的地位を有する事業者が「知的財産権が生産経営活動の必須構成となっている」という唯一の状態に限定することとした。

(4) 4つの特定パターンの知的財産権行使行為（パテントプール，標準の制定と実施における特許権行使行為，著作権の集団管理組織，知的財産権侵害警告書をむやみに出すこと）が関連独占行為に当たるかどうかを規定した。これらの行為が，個別又は同時に独占的協定，支配的市場地位の濫用となり得るが，主に後者の方に関わる。

(5) 工商機関の知的財産権分野における独占禁止法執行の分析の原則と枠組

みを規定した。
(6) 知的財産権濫用による競争排除・制限行為の法的責任について，「規定」19条では，「独占禁止法」の規定に準拠して，事業者の知的財産権濫用による競争排除・制限行為の法的責任を明確にした。

　一般に，独占禁止法には，自国経済の競争に影響のある企業買収や合併などの企業結合を競争政策的に審査が含まれる点では，中国も同様である。しかし，中国の企業結合審査は，競争政策的というよりも産業政策的であり，中国市場における自国企業の優位性を高めるために「独禁法が恣意的に使われている」という批判もある。

　また，中国の独禁法の規制当局は3つの担当部局があり，企業結合規制を管轄する商務部，企業結合以外の特に価格に関連しない行為を管轄する国家工商行政管理総局，価格に関連する企業結合以外の分野を担当する国家発展改革委員会に分かれている。

＜独禁法違反の摘発事例＞

　中国独占禁止当局によると，2014年までに353件の不正行為を調査したが，そのうち外資は1割にとどまっているという。しかしながら，2013年1月にサムスン電子などの韓国，台湾メーカーの価格カルテルが摘発されて以来，外資系企業が摘発されているケースが目立っている。2013年以降の中国独占禁止当局により調査・摘発された案件では罰金額が100億円を超すような大型の摘発案件は外資系企業が絡んでいることが多い。これは，習近平指導部が旗印とする不正行為の撲滅と「法治」政策の一環といえる。2013年以降の外資系企業が摘発された事例としては次のものがある。

① 2014年8月20日には中国の独占禁止当局は，日本の自動車部品メーカー12社（デンソー，三菱電機，矢崎総業，古河電気工業など8社と，日本精工とNTNなどベアリングメーカー4社）がカルテルを結ぶなどして価格をつり上げたことで中国の消費者が不利益を被ったとして，独禁法違反と認定し，調査に協力した日立オートモティブシステムズと不二越を除く10社に計12億3500万元（約200億円）の罰金を科した。

② 2014年9月11日には独自動車大手フォルクスワーゲン（VW）と米クライスラーの販売会社が新車価格などを高く設定して消費者に不利益を与えたなどとして，それぞれ2億5000万元（約42億円），3200万元（約5億4000万円）の罰金を科した。

　これらは，価格統制的な面があり，純粋な独禁政策ではないとの見方もある。一連の自動車関係の摘発は，自動車の高価格への国民の不満に対する対応という側面もあるようだ。

＜知的財産関連の事例＞
　また，知的財産関連の事例としては次のものがある。
　2015年2月，中国国家発展改革委員会はスマートフォン向け技術で「優越的地位の濫用」があったとして，米国半導体大手のクアルコムに，2013年度売上高の8％に相当する60億8800万元（約1150億円）の制裁金の支払いを命じた。このケースは2013年に中興通訊（ZTE）やファーウェイからのクアルコムが不当に特許使用料を徴収しているという苦情がきっかけとなって調査に乗り出したものだ。1年間以上の調査の後，クアルコムの行為は以下の点で問題があるとして，中国メーカーから特許使用料を不当に得ているものと認定した。
(1) 不公平な高額な特許使用料を徴収していた。
(2) 正当な理由がなく，モバイル通信で標準的に必要としない特許の使用料を抱き合わせで販売した。
(3) 半導体チップの販売において不合理な条件を押し付けた。
　なお，上記(2)については，2014年に公表された上記「規定」の9条には，支配的地位を有する事業者は正当な理由がない限り知的財産権行使の過程において，「取引の相手方の意思に反して，他の知的財産権又は他の商品や役務の受け入れを要求すること」をしてはならないと規定しているように，独占禁止当局は問題視していることがわかる。
　クアルコムは中国の独占禁止当局の決定に従うとし，1150億円の罰金に異議を申し立てないとしている。その上で，クアルコムは，以下の対策をと

ることを示した。すなわち，中国国内で使用・販売する携帯電話端末について，これまでは卸売価格の 100％に当たる特許使用料を徴収していたのを，今後は 65％とすること，中国で販売する 3G と 4G の特許を使う場合，ロイヤルティをそれぞれ 5％，3.5％とすること，中国の特許の被許諾者に特許の使用を許諾する場合，特許のリストを提供し，特許権の存続期間を過ぎた特許については使用料を徴収しないこと，である。

　クアルコムのライセンス契約は世界中で 100 以上締結されていて，守秘条項によって公開されることはほとんどない。しかしながら，韓国や日本において公正取引委員会から排除命令がなされており，多くの場合，一般的な反独占規制のぎりぎりのところで，特許権者でライセンサーある同社の優位性が確保できるような契約条項を課しているものと予測される。日本の公正取引委員会は 2009 年 9 月にクアルコムが国内端末等製造販売業者に対するライセンス契約において，国内端末等製造業者の知的財産権を無償で実施許諾すること，及びクアルコムとクアルコムの顧客，ライセンシーに対して同知的財産権について権利主張を行わないことを課している点について，クアルコムに対して排除措置命令を行っている。

　また，2013 年 10 月には，中国企業のファーウェイが米国企業のインターデジタル社（IDC 社）を中国独占禁止法違反として深圳中級人民法院に提訴したケースにおいては，広東省高級人民法院は「必須特許に差別的ロイヤルティを課すことは独占的地位の濫用に相当する」として IDC に 2000 万元（約 3 億 2000 万円）の賠償金の損害賠償を命じた[9]。

　ファーウェイは IDC 社が他の携帯端末メーカーに向けに比べて高額な特許使用料を要求したと主張した。広東省高級法院は一審に続き，ファーウェイの主張を認めた。中国は二審制なので判決が確定したことになる。標準必須特許の濫用を認めないという点では欧州委員会（EC）などの姿勢とも共通する。理由としては，IDC 社が標準特許を持つことで市場を完全支配している，同社がファーウェイを米国際貿易委員会（ITC）に提訴したのも高

---

[9] 広東省高級人民院判決（2013）306 号事件，2013 年 10 月 21 日。

額な使用料を強制するためで濫用行為の一環とみなしたことが挙げられる。

　この事件はもともと，IDC社がファーウェイ，ZTE，サムソン，ノキアの4社で販売されている無線デバイスがIDC社が所有する7件特許権を侵害しているとして米国国際貿易委員会（ITC）および米国デラウェア地方裁判所に同時に提訴していたものである。IDC社の特許は3Gおよび4Gの標準化技術に組み込まれた必須特許であるから，これらの必須特許をライセンスせずに訴訟によって差し止めされることになると，通信分野の各標準化機構が行うライセンス政策に反するともいえる。

　以上のように，国際的な特許訴訟では防戦しているばかりでは自らを不利な立場に置くだけでなく，企業の特許戦略ポリシーの弱さが競争企業に見透かれてしまう。自国に巨大市場を有する中国企業は，中国における知的財産制度の整備とともに，中国において特許訴訟の反転攻勢をかけることができることを示した事例であるといえる。米国で提訴された事件を中国の裁判所で逆提訴するという手法は，今後の国際特許紛争を予想する上で十分に考慮する必要がある事例である。

　中国においても独占禁止法が制定され，さらに上記「規定」も公表されるなど，知的財産権の行使についての独禁法の適用について徐々に規定が整備されてきており，また，外国企業に対して，様々な命令が執行されている実績を見ると，今後，中国への進出企業は上記「規定」を十分に検討するなど，日米欧並み，またはそれ以上の法令順守体制を築くことが求められている。

ライセンス関連法規

　中国におけるライセンス関連法規としては，契約法，対外貿易法および「技術輸出入管理条例」がある。また，独禁法に基づくライセンス規制としては，上述したように，2014年には，「工商行政管理機関の知的財産権濫用による競争排除・制限行為の禁止に関する規定（意見募集稿）」が公表され，徐々にガイドラインに近い規定が整備されつつあるが，日本や米国のガイドラインのように個々のライセンス条項の詳細に踏み込んだものではない。したがって，契約法，対外貿易法及び「技術輸出入管理条例」の適用について

検討した上で，今後は，さらに，上記「規定」も参酌する必要がある。

　中国国内では，基本的には，当事者が自由に取決めすることを認める契約法が適用される。また，外国から輸入される技術については，2002年に制定された「技術輸出入管理条例」が適用されるものと考えてよい。本来，外国企業が中国に技術を移転する場合，移転契約の当事者は準拠法を当事者が自由に選択できるはずであり（契約法126条1項本文），例えばニューヨーク州の法律を契約の準拠法とすることも合意することができる。しかしながら，技術ライセンスの場合，対外貿易となるため，技術輸出入管理条例が適用されることになるが，同条例は強行法規的性格を有するため，結果として他の国の準拠法を選択したとしても同条例によって制限されることになる。

　したがって，例えば，日本法人(A)が同法人の独資の中国法人(B)との間でライセンス契約を締結し，この中国法人(B)が他の中国法人(C)との間でサブライセンス契約する場合，このサブライセンス契約は中国国内契約であるため準拠法としては契約法が適用される。これに対して，日本法人(A)が直接中国法人(C)とライセンス契約する場合（以下，「渉外契約」）は，準拠法は基本的には自由に選択できるはずであるが，対外貿易となるため，強硬法規的性格を有する技術輸出入管理条例の制約を受けることになる[10]。なお，日本法人(A)と中国法人(B)との間のライセンス契約にも輸出入管理条例が適用されることになるが，この場合，中国法人(B)は日本法人(A)の支配下にある独資の法人であるため大きな問題は生じないはずである。

　「技術輸出入管理条例」によれば「技術輸出入」には，中国から中国国外に，又は中国国外から中国に，貿易，投資もしくは経済技術協力を通じ，技術移転する行為が広く含まれている。「行為」には，特許を出願する権利の移転，特許実施のためのライセンスの移転，技術的なノウハウの移転，技術サービス及びその他の方式の技術移転が含まれる。「技術輸出管理条例」は，外国のライセンサーに厳しい保証責任を課す一方で，ライセンシーの技術導入については原材料，部品，設備の購入ルート，製品の輸出ルートまたは輸

---

[10] 藤本一郎「中国ライセンス契約に関するスキーム比較」『パテント』2011年。

出地域を制限することを厳しく規制している。「輸出管理条例」の条項の一部の禁止条項は、日本や欧米では合法とされるものもあり、日本や欧米の当事者の法的感覚とは相容れないものがある。しかしながら、強硬法規に抵触する条項を含む契約は最初から無効となり、強制力がなくなる可能性があるため、契約の当事者は大きな不利益を被る可能性がある。

なお、具体的なライセンス契約の条項についての留意点については第4章で詳述する。

営業秘密の保護

中国の営業秘密の要件及び秘密管理性の定義を定めた代表的なものとして、不正競争防止法10条と、「営業秘密の侵害行為禁止に関する若干の規定」2条がある。不正競争防止法10条は「本条が言う営業秘密とは、公衆に知られておらず、権利者に経済的利益をもたらし、実用性があり且つ権利者が秘密管理を行っている技術情報と営業情報である」と規定しており、営業秘密について、「有用性」、「非公知性」、「実用性」、「秘密管理性」の4要件を求めている。そして、「秘密管理性」について、「営業秘密の侵害行為禁止に関する若干の規定」2条は、「本規定が言う権利者が行う秘密管理とは、秘密保持契約の締結、秘密管理制度を整えること及びその他の合理的な秘密管理を含む」としている。しかし、何をもって秘密管理制度及び合理的な秘密管理とするかは明確ではなかった。

＜2007年公布の司法解釈＞

2007年に公布された「最高人民法院の不正競争不正競争民事事件審理の法律応用に関する若干問題に対する解釈（以下、「2007年司法解釈」）では、「下記の措置のうちいずれか1つを講じており、正常な状況下で秘密情報の漏洩を防止するに十分な場合には、秘密管理を行ったと認めるべきである。」と規定し、具体的な秘密管理措置として次の点を挙げている。

（ア）秘密情報が知られている範囲を限定し、それを知らなければならない者に限ってその内容を告知していること

（イ）秘密情報の媒体に対し施錠などの措置が取られていること
（ウ）秘密情報の媒体に秘密保持表示が存在すること
（エ）秘密情報にパスワードまたはコードが存在すること
（オ）秘密保持契約が締結されていること
（カ）秘密情報を含む機械，工場，現場への訪問が制限されており，秘密保持が要求されていること
（キ）情報の秘密性を確保するその他の合理的措置

　これらの具体的な秘密管理措置は日本における営業秘密の裁判実務の判断基準に近いものと考えてよい。

＜裁判例＞
　営業秘密に関する裁判例の特徴としては，以下の点が挙げられる[11]。
(1) 営業秘密の形式や内容が詳しく限定，列挙されていることが必要である。例えば，営業秘密の形式として「電子メール，メール，データ，図表，ビジネスケース，（紙媒体）ファイル」を挙げ，内容として「ビジネス契約内容，営業情報，商品の位置付けと定価戦略，広告の方策，セールスの方策，顧客名簿と連絡先を含む」とした例，営業秘密の範囲として「製品の配合，図面，コンピュータソフト，加工工程，デザイン方案，顧客情報」などが列挙されていた例，営業秘密の内容として，「ウェブサイドのソースコード，オブジェクトコード，顧客情報」などが明記されていた例がある。秘密管理性を否定した例としては，労働契約の秘密保持義務や，原告会社の「従業員ハンドブック」，「入社と待遇審査」，「退職申請表」からは，営業秘密として主張されている図面，顧客情報，加工工程，見積書，売上高などの内容を特定することができないとして秘密管理性を否定した例がある。
(2) 物理的管理措置を考慮する傾向にある。具体的な物理的措置としては，営業秘密またはその保管場所が施錠管理されていること，紙媒体の場合は

---

[11] 楊健吾「中国における営業秘密―秘密管理性要件に関する中国の学説と裁判例の状況を中心として―」『知的財産法政策研究』Vol.44，2014年。

特定のコードまたはパスワードで管理されていること等が挙げられる。
(3) 顧客情報が営業秘密に含まれる場合は顧客情報の非公知性が要求される。非公知性を認めた例として，顧客情報の中には顧客の連絡先だけでなく，車の車体番号，エンジン番号，ナンバープレート等一定の時間，資金，労力を費やさないと知ることができない情報があるとした例がある。また，非公知性を否定した例としては，顧客情報は刊行物に記載されていたとして非公知性を否定した例，原告が営業秘密として主張する顧客の設計図，契約の条項，顧客の連絡先について，設計図は展示会の会場で組み立てられた時点で公知性を失い，契約の条項は一般的に用いられるものであり非公知とは言えず，顧客の連絡先も一般的に知られている情報だとしていずれも非公知性が否定された例がある。
(4) 営業秘密立証の段階では，秘密情報の固定性が要求される。固定性を否定した例としては，顧客情報のうち1件を除いてなんらかの媒体に固定されていないとした例がある。

以上のように，2007年の司法解釈によって，営業秘密に関する秘密管理性と非公知性が明確になったといえるが，裁判例を見ると，秘密管理性と非公知性についてかなり厳格に判断されており，中国において営業秘密として保護を求めるには，秘密管理性，非公知性，物理的管理性，固定性についてできる限り厳格に管理することが求められている。

中国において，不正競争防止法に違反する営業秘密侵害に対しては，侵害行為の結果生じた損害の賠償を求めることができ，また，民法通則により差止請求が可能である。損害賠償請求は民事裁判によるが，損害額の算定については特許権侵害の損害賠償額の算定方法が参照されるため，高額になり得ることを留意すべきである。また，差止請求は，工商局に申し立てる行政取締にとっても可能であり，営業秘密侵害行為があった場合には，行政処分として過料が課せられる場合もある。

第3章 知的財産制度の整備と進展

まとめ

　中国政府は，2008年6月に発表された「国家知的財産権戦略要綱」において，2020年までに中国を知財創作，運用及び保護に関して管理水準の高い「イノベーション型国家」にするという目標を掲げた。2010年11月には，国家知識産権局は，「全国専利事業発展戦略（2011-2020）」を策定し，2015年までに，発明，実用新案，意匠の年間出願件数200万件とするなどの具体的目標を掲げている。

　このような国家目標として知的財産権の強化が図られるなか，中国の特許出願の件数は，2010年には39万件と日本を抜き，2011年には，米国の約50万件を抜いて約52万件となり世界で最大となっている。また，中国においては，知財紛争も急増しており，知的財産権民事事件の受理件数は2006年から2011年の5年間で約4.2倍に急増しており，2011年，中国の全国地方人民法院が受理した知的財産権民事事件一審件数は5万9612件にも上っている。

　中国の標準化政策は，1988年に制定された「中華人民共和国標準化法」に基づいて，政府主導で政策担当者と技術者の意識統一が図られている。2014年6月に公表された「工商行政管理機関の知的財産権濫用による競争排除・制限行為の禁止に関する規定（意見募集稿）」（以下，「規定」）においては，技術標準と特許権の行使の関係について規定している。

　中国の独占禁止法は，2008年8月1日より施行され，同法55条には独占禁止法が知的財産ライセンス契約にも適用されることが示唆されている。中国の独占禁止法は，企業買収や合併などの企業結合を競争政策的に審査が含まれる点では，先進国と同様であるが，企業結合審査は，競争政策的というよりも産業政策的であり，中国市場における自国企業の優位性を高めるために使われているという批判もなされている。

　中国におけるライセンス関連法規としては，契約法，対外貿易法および「技術輸出入管理条例」がある。独禁法に基づくライセンス規制としては，

「工商行政管理機関の知的財産権濫用による競争排除・制限行為の禁止に関する規定（意見募集稿）」が公表されている。

中国の営業秘密の要件及び秘密管理性の定義は，不正競争防止法10条と，「営業秘密の侵害行為禁止に関する若干の規定」2条に規定されている。不正競争防止法10条は，営業秘密について，「有用性」，「非公知性」，「実用性」，「秘密管理性」の4要件を求めている。2007年に公布された「最高人民法院の不正競争民事事件審理の法律応用に関する若干問題に対する解釈（以下，「2007年司法解釈」）において，「秘密管理性」についての具体的な秘密管理措置について規定している。

以上のように中国は2020年までに「イノベーション型国家」にするという政策目標のもと知的財産制度が急速に整備されつつある。しかしながら，その運用面では，日本や欧米と異質な部分も多数ある。次章では，これら知財制度の異質なプラクティスを踏まえながら，これまで述べてきた中国型イノベーションシステムを攻略するための戦略について考えてみたい。

第4章
「中国型イノベーションシステム」を攻略する戦略

　本章では「中国型イノベーションシステム」が働く中国市場を攻略するためのビジネス戦略として，プラットフォームの提供が有効であることを提案する。その際，知財マネジメントが重要であることを解説する。簡潔に言うと，プラットフォームの内部は秘匿化または特許出願によりクローズド化し，インターフェース部はオープン化により普及を図る。

　また，中国に合弁会社を設立する場合の知財マネジメント，研究開発拠点を設立する場合の知財マネジメントの要点について説明する。さらに，「中国型イノベーションシステム」への対抗策として最も重要な技術流出の防止について，①技術ライセンスや技術援助に係る技術流出，②海外生産の開始・拡大に伴う技術流出，③製造に必要な部材や材料に化体された技術流出，④製造に必要な機械や設備に化体された技術流出，⑤製造に必要な図面やノウハウの流出を通じた技術流出，⑥人を通じた技術流出，⑦その他の要因による技術流出の類型ごとに，その防止策について解説する。

　さらに，日本企業が中国企業とライセンス契約する際に，ライセンサーとしての日本企業が不利にならないための留意点について解説する。特に，渉外契約では技術輸出管理条例が適用されるために，ライセンサーの保証責任と改良技術の帰属については，不利にならないように契約上の配慮が必要とされる。

1 「中国型イノベーションシステム」を攻略するためのビジネス戦略

プラットフォーム戦略

　「中国型イノベーションシステム」の柱の1つが中国のモジュラー型の産業構造にあることは先述したとおりである。このようなモジュラー型産業構造を有する中国における製品開発では，プラットフォームの提供が非常に有効である。

　プラットフォームは，その機能面からは「ある製品システムもしくはある技術体系において，同一企業内の諸製品プロジェクトチームの間で，もしくは同一サプライチェーンに属する諸企業の間で，もしくはこの範囲を越えたユーザー企業の間で共有することが可能なキーコンポーネントもしくはコア技術」として定義することができる。すなわち，プラットフォームは，異なる製品類型の間で，または異なる企業間において共有することが可能なキーコンポーネントであるといえる。

　そして，プラットフォームは図4-1に示されるように，2つのタイプに分けることができる。1つはコア・モジュールとインターフェースで構成される基幹部品型のプラットフォームである。コア・モジュールは長期にわたり維持されるコンポーネントであり，インターフェースはプラットフォームと他のモジュールのつながり方を規定し，これによって他のモジュールとつながりシステムを構成するものである[1]。もう1つは，自社の複数の最終製品の中の一部の部材・部品を共通化して，自社内における異なる最終製品に適用する共通部品型のプラットフォームである。

　プラットフォームの提供が「中国型イノベーションシステム」に有効であると考える理由の1つは，いずれのタイプのプラットフォームにおいてもプラットフォームの内部は，ブラックボックス化を図ることができ，日本企業

---

[1] 高梨千賀子・立本博文・小川紘一「標準化を活用した新興市場におけるプラットフォーム戦略—ボッシュと三菱電機の事例—」Discussion Paper Series, No.014, 2011年4月, 3頁。

第4章 「中国型イノベーションシステム」を攻略する戦略

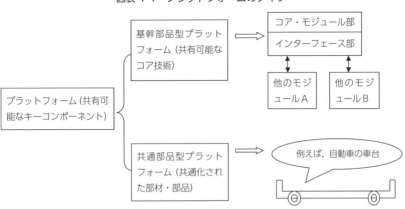

図表4-1 プラットフォームのタイプ

(出所) Baldwin&Woodard (2010) を参考に著者が作成

が得意とする擦り合わせ型の技術開発によって強みを発揮することができるからである。かつて，エレクトロニクス製品においてもアナログ技術が中心であった時代には多様な部品間や製造工程間の微調整を擦り合わせによって開発することを得意とした垂直統合型の日本企業がグローバル市場で圧倒的な強みを発揮した。しかし，デジタル化が進むとかつて擦り合わせが必要であった部品間や製造工程間の調整のノウハウはすべてソフトウェアに組み込まれて，グローバル市場に伝搬してしまうのだ[2]。特に，中国のようなモジュール型産業構造を有する社会においては，ソフトウェアが組み込まれたモジュールの調整によって製品開発することに長けているため，従来の製品開発では日本企業が競争に勝つことは困難となっている。

しかし，プラットフォームによれば，プラットフォーム内部を擦り合わせ型で開発し，外部をモジュラー化してモジュラー型産業構造を有する中国のバリューチェーン，または中国市場に提供することが可能である。しかも，内部のコア技術は日本企業により擦り合わせ型で開発し，徹底したブラックボックス化を図るのである。これにより，プラットフォーム内部のコア技術

---

[2] 小川紘一『オープン&クローズド戦略』翔泳社，2014年，30～47頁。

については，中国企業が得意とする模倣によるイノベーションを防ぐことができる。

次に，もう1つの利点として，プラットフォームの開発とその周囲技術あるいは完成品の開発を分業体制で行うことができる点である。すなわち，プラットフォーム内部は前述したように，日本において日本企業により垂直統合型に開発できるのに対して，その周囲技術あるいは完成品技術は，中国企業による倹約的イノベーションを利用することが可能である。前述したように，倹約的イノベーションとは先進国型のハイエンド製品の過剰機能を省き低コスト化を図るとともに，中国人の嗜好やニーズにあった製品開発を行うことであった。プラットフォームの周辺技術または完成品の開発を，自社の中国における開発拠点，中国企業との共同開発，または中国企業のみによって，倹約的イノベーションを行えば，コア技術を確保したまま，中国市場における競争力を発揮することが可能になるであろう。

以上のように，プラットフォーム戦略は，日本企業の得意な擦り合わせによる垂直統合型の技術開発の強みを生かしながら，しかも外部はモジュール化しているため，「中国型イノベーションシステム」との相性が非常にいいといえる。

基幹部品型プラットフォーム

基幹部品型プラットフォームは，コア・モジュールとインターフェースで構成され，コア・モジュールは長期にわたり維持されるコンポーネントであり，インターフェースはプラットフォームと他のモジュールのつながるシステムを構成するものである。

中国市場における基幹部品型プラットフォームの源流は，実は，1980年代から1990年代の初期にわたるソニーのCDプレイヤーのトラバース・ユニットによりプラットフォームの形成にあった。しかし，残念なことに，その後，ソニーは同様のビジネスモデルイノベーションを他の製品分野に適用することはなかった。ソニーが1998年ころから社内分権化・分社化を進めたため社内カンパニーの競業を必要とするプラットフォームの形成が困難に

なったためであると指摘されている[3]。

　中国市場において，基幹部品型プラットフォームを本格的に提供して成功した事例としては，携帯電話のベースバンドICがある。台湾のメディアテック（MTK）は，2005年には中国におけるベースバンドIC市場で，テキサス・インスツルメンツ（TI）を抜いて首位を獲得している。これは，MTKが開発したプラットフォームによりターンキーソリューションを提供した戦略が功を奏したためである。

　MTKのプラットフォームの特徴は，プラットフォーム自体にマルチメディア機能の処理を担うデジタル信号プロセッサーが内蔵されているため，新たにチップやソフトウェアを追加しなくても，音楽再生機能を備えた携帯電話を開発することができることにある。MTKのプラットフォームを利用すれば，実に効率よく多機能の携帯電話を開発することができるのだ。

　このようにプラットフォームを利用すれば技術蓄積のない国の企業であっても最先端の技術の製品市場に参入することができる。先進国企業が先端技術で構成されるプラットフォームを新興国諸国に提供し，技術がない新興国企業はこれを使用して最先端の完成品ビジネスに参入することができるのだ。

　前述したように，中国の携帯電話機メーカーは，零細メーカーがひしめき合っており，なかには政府の認証を得ないで勝手に生産しているヤミメーカーも数百社に及んでいる。このような零細メーカーは，外観だけで人気のある機種のコピーを使用し，自社のブランドを付けて中身はプラットフォームをそのまま利用する場合もある。また，携帯電話機に限らず，中国メーカーは外国メーカーが提供するプラットフォームを土台として，そこに何を組み込めるかを決めて設計することが多い。先にプラットフォームありきで，製品開発するため，自社の技術開発力の養成がなされない反面，迅速で安価に製品を提供できるという利点も有している。しかも，プラットフォーム自体はイノベーションにより進化しているため，このように零細企業が部品を集めて組み立てて製造された製品であっても，中国の顧客層の需要を満たす

---

[3] 小川紘一「我が国エレクトロニクス産業にみるプラットフォームの形成メカニズム」MMRC Discussion Paper No.146, 2007年, 42～43頁。

には十分な機能を備えることになる。

　MTK戦略が長けていたのは，零細なゲリラ型の携帯電話機メーカーが多数ひしめき合っているという中国の特殊な状況と，中国消費者のニーズを十分に把握した上で，各零細電話機メーカーに共有されるプラットフォームの普及を促した点にあるといえるだろう。

　また，MTKは近年急拡大している中国のスマートフォン市場においてもプラットフォーム戦略を展開している。中国のスマートフォン市場は，2013年において4.5億台と世界最大の市場になっている。このスマートフォン市場においては，シャオミに代表される中国企業による低価格スマホが急速に普及している。これを可能にしているのが，MTKのプラットフォームである。

　MTKはスマートフォンの心臓部であるアプリケーションプロセッサ（AP）と制御ソフトウェアをセットとしたプラットフォームを中国企業に提供している。APはスマートフォンにとって最も重要なハードウェアであるが，そのAPを制御しているソフトウェアはスマートフォンの使い勝手などに大きく影響するためさらに重要であるといえる。MTKは制御ソフトウェアとAPをセットにして，さらにスマホの設計図である「レファレンス」と推奨部品リストをも掲載して，スマートフォン端末メーカーに提供している。また，MTKはソフトの開発においては，台湾で不足していたソフトウェアエンジニアの代わりに中国本土における優秀なソフトウェアエンジニアを徹底して活用するという戦略を展開しているという[4]。

　MTKは2013年には，中国のスマートフォン用AP市場において，これまでトップの座であった米クアルコムを抜いて，シェア47％で首位を獲得している。今後は，中国市場以外においてもメディアテックのスマートフォン市場でのプラットフォーム戦略が展開されるだろう。

　このように，基幹部品型プラットフォームの提供においては，例えば，基幹部品（ハードウェア）本体の開発を自国の本社で行い，周辺技術であるソ

---

[4] 湯之上隆「イノベーションのジレンマに直面しているサムスン」（http://bylines.news.yahoo.co.jp/yunogamitakashi/20140811-00038144/）。

フトウェアの開発においては現地のニーズや嗜好に合わせた開発を低コストで行う倹約的イノベーションを実現するために中国人エンジニアを雇って行うという戦略ができるだろう。

次に，中国の自動車市場における基幹部品のプラットフォームの事例を見てみよう。前述したように，中国の自動車市場においては基幹部品の外製化，疑似オープン・モジュラー化により多数の地場メーカーが自動車産業に参入を可能にした。このような地場メーカーのなかからは，近年，BYDや吉利など，従来は上海VW，上海GMなど外資との合弁メーカーが支配していた中国市場において著しい成長を示す企業が現れてきた。これは，ボッシュの電子制御部品のエンジンコントロールユニット（ECU）プラットフォームに見られるように，疑似オープン・モジュラー化から真正のオープン・モジュラー化への製品アーキテクチャの転換進展していることに大きな要因があると考えられる。

ECUは自動車の電子化において中核的な機能を果たすキーコンポーネントである。ボッシュはこれに欧州の組み込みソフトウェアの標準規格であるAutostarに準拠したソフトを組み込むことによってプラットフォームとして提供している。ただし，中国では，Autostarはまだ組み込まれていないようである。ボッシュは，プラットフォームで用意する製品の仕様を決定するために，先進国メーカーのみならず中国地場系メーカー各社の開発動向や技術指向性についても情報収集を行い，各社のニーズを最大公約数的に汎用性の高い製品仕様をポートフォリオ化している。ポートフォリオは一旦決定したらベース仕様を変更せずに，制御プログラムのパラメータ設定など，個々の車種に適合するサービスを提供している。

ボッシュの中国に市場におけるECUプラットフォームの開発・生産拠点は，中国のOEM企業連合会社との合弁会社という形をとっており，中国に開発・生産拠点を置くことによって，中国市場のニーズに合わせて設計して部品を提供している[5]。

5 　高梨・立本・小川，前掲論文，7頁。

中国市場のニーズの把握はローカル企業がノウハウを有しているため，ローカル企業との合弁という形態をとりながら，現地の有能なエンジニアやスタッフを，マーケティングや開発部門において活用していくことは，プラットフォームの開発のキーポイントでないかと思われる。特に，プラットフォームの普及の加速を担っているのがインターフェース部のオープン化である。インターフェース部のオープン化には，現地の周辺部品メーカーや完成品メーカーとの情報の共有が必要であり，中国人スタッフを活用することが有効であろう。

また，プラットフォームにおいては，収益はモジュール本体のブラックボックス化により確保されるが，ブラックボックスすべきところは徹底した知財戦略が必要とされる。インターフェース部のようにオープン化してよい部分はしっかりと定義した上で，研修や技術開発ツールによって地場メーカーに情報を開示することも重要である。

これまで中国の自動車市場において，日本の部品メーカーは，日本国内同様，系列の完成品メーカーに依存して，日本以外の外資系や中国系の完成品メーカーとの取引は限定的であった。これは，日本国内で培ってきた擦り合せ型，垂直統合型の製品開発から脱却していないことが原因であろう。今後は，特に，次世代自動車の開発などにおいて，基幹部品型プラットフォーム戦略も視野に入れながら，日本以外の中国企業や外資系企業にも積極的に部品等を提供してシェアを拡大していくことも考慮されるべきである。

基幹部品型プラットフォームの機能を整理すると，1)製品アーキテクチャをモジュラー化することによって，技術力のない企業もその基幹部品を使用した製品開発を可能とする，2)基幹部品の普及速度を上げ，市場シェアを高める，3)コア・モジュールを再利用したり維持したりすることで，コストを抑えることができる，4)各モジュール・レベルでイノベーションが促進されるため，経営資源を基幹部品の開発以外の外観のデザインやマーケティングに集中させることができる，ことが挙げられる。反面，5)技術蓄積が，コア技術以外の周辺技術にしか行われない，6)製品が同質化し，激しい価格競争の結果，長期的には利益率が低下する，というデメリットも指摘されてい

る。

共通部品型プラットフォーム

　共通部品型プラットフォームは，自動車における車台共通化のように，自社の複数の最終製品の中の一部の部材・部品を共通化して，自社内における異なる最終製品に適用するプラットフォームをいう。自動車産業における共通部品型プラットフォームの共通化からスタートしたが，現在のプラットフォームは様々なサイズおよびボディ形状の車種を想定して開発されている。例えば，ディーゼルエンジン，ガソリンエンジン共通のエンジンの搭載方法，エンジンルーム内のレイアウトの共通化にまで及んでいる。

　中国市場において，自動車開発のモジュール化，プラットフォーム戦略で先行しているのはフォルクスワーゲン（VW）である。前述したVWの上下分離方式を再度見てみよう。「上下分離方式」は，開発の困難なパワートレインと足回り（下部）はプラットフォームとしてドイツ本国で開発し，アッパーボディ（上部）の開発については外観から車内の構造設計まで消費者の嗜好を熟知している現地スタッフにより開発されるというものである。上部のアッパーボディは，品質基準を柔軟に変更して，中国系の部品メーカーから部品を大幅に調達することにより，中国専用車としてのコスト競争力を得ている。上部の開発は，まさに，倹約的イノベーションを達成しているといえる。

　これに対して，下部のプラットフォームは「走る，曲がる，止まる」という車の基本性能であるに係る部分であり，VW本社で，欧州部品メーカーとの擦り合わせにより開発設計している[6]。

　このように，共通部品型プラットフォームの開発においても，プラットフォームの内部はコア技術を自社と自社の系列部品メーカーの擦り合わせにより垂直統合型に開発し，その接続部と接続される外観部は中国において現

---

[6] 近野泰・風間智英・張翼「中国における乗用車市場の変化と新たな対応策」『知的資産創造』2015年3月号（http://www.nri.com/~/media/PDF/jp/opinion/teiki/chitekishisan/cs201503/cs20150305.pdf）。

地スタッフにより市場の動向等に合わせながら柔軟に開発することが可能となる。この際，プラットフォーム以外の部分の知財管理については，技術流出に過大な労力をかけずに，オープン型の開発とすることができよう。

　日本企業において，中国の自動車市場で存在感を示しているのがルノー・日産グループである。2013年の世界の自動車販売では，ルノー・日産グループはグループで合計826万台（日産は520万台）と世界第4位に入った。その原動力となったのが中国市場であった。

　日産自動車と仏ルノーのアライアンスの相乗効果に大きく貢献したのが，共通部品型プラットフォームを利用した開発手法「CMF（コモン・モジュール・ファミリー）」である。CMFでは，「エンジンコンパートメント」，「コックピット」，「電気電子アーキテクチャ」などの大き5つのモジュールに分け，これらを組み合わせて多様な車を開発する手法である。例えば，フロントアンダーボディーのモジュールでは車両質量や安全性能などによって3種類，リアアンダーボディのモジュールでは走行性能や車体形状などによって3種類に分かれる。これらのバリエーションを組み合わせることで，SUVからハッチバックまで対応できる。セグメントごとのプラットフォームというこれまでの概念を捨て，車種やセグメントを超えて部品を共通化し，部品の種類を減らすことで，コスト削減や開発の効率化を達成しているのだ。

　日産は，中国をはじめとする新興国のエントリー車では，より徹底した共通部品型プラットフォームである「Vプラットフォーム」を活用する。Vプラットフォームは，1)1つのプラットフォームをベースに，2)ハッチバック／セダン／MPVの3タイプの車を，3)新興4か国（タイ，インド，中国，メキシコ）で集中生産し，4)将来的には世界各地で年間100万台規模の販売を目指すという。

　日産の中国車のローカルブランドであるヴェヌーシアR30では，Vプラットフォームを使用し，さらに部品調達先をコスト競争力に優れる現地メーカーに変更したり，現地の材料を使用することで原価低減を徹底して，3.99万元（約70万円）という価格を実現している。部品・プラットフォームの共用で，価格を下げつつ，品質は向上させているという[7]。

日産の場合，ヨーロッパ型の水平分業型の製品開発を行うルノーとの統合による部品共通化によって，日本の垂直統合型の製品開発から大きく脱却したことが，中国市場において強みを発揮している一因となっていると思われる。

　一方，共通部品型プラットフォームの革新的な例としてトヨタ自動車の新興国車 IMV（Innovative International Multipurpose Vehicle）が挙げられる。IMV はピックアップのハイラックス，SUV のフォーチュナー，ミニバンのイノーバに共通するプラットフォーム名である。IMV は世界のほとんどの新興国をターゲットにした「新興国専用車」であり，新興国 170 か国で販売されているが，中国では販売されていない。IMV はトヨタの世界販売台数の 1 割である 100 万台を超える販売台数を誇っているが，世界最大の市場である中国に投入されていれば，販売台数はもっと増やすことができたのではないだろうか。理由は定かではないが，モジュラー型産業構造を有する中国市場において十分に強みを発揮できたのではないかと思われるのである。

　以上のように，共通部品型プラットフォームの開発は，先進国で開発した製品アーキテクチャをモジュラー型に分解した上で，車種ごとに多様化していた機能を省いてコストを削減しているという点で，見方を変えれば倹約的イノベーションの一類型であるともいえる。また，部品モジュールの共通化とともに現地スタイルの外観や仕様設計が重要であるため，プラットフォームの開発には，中国市場のニーズやノウハウを有しているローカル企業との合弁などの形態により地の有能なエンジニアやスタッフをマーケティングや開発部門において活用していくことが重要である。さらに，共通部品型プラットフォームの最大の目的はコスト削減効果であるため，プラットフォームの開発，製造に当たってはコスト競争力のある現地メーカーからの部品調達や材料調達など現地化を進めることが重要であると思われる。

7　『日経 Automobile Technology』2014 年 11 月。

2　知財マネジメントによる対応

技術流出と産業競争力

　「中国型イノベーションシステム」は，外国の技術の消化，吸収，すなわち模倣を容易化するものである。模倣をベースとした技術改良は，研究開発費を大幅に削減し，リスクを回避することができるため，市場において高い競争力を得ることができる。

　技術の模倣は，模倣される側からみれば技術流出されたということになる。一国の企業から他国の企業への技術流出による両国企業の市場競争力へ与える影響の大きさは，日本のDRAM製造技術が韓国企業に技術流出されることによって，韓国企業のDRAM市場への参入を可能とし，日本企業の競争力が劇的に低下していった事例に端的に示されている。日本のDRAM産業においては，1980年代において製造技術のノウハウが熟練者の頭の中から製造装置に組み込まれていくようになり，高度な製造装置の汎用化が進んだ。1990年代になると，製造措置の高度化がさらに進むとともに，多額の開発コストを回収するために，日本企業だけでなく韓国をはじめとする後進国に売り込むようになった。この際，競合他社の独自性を見出す新たな付加価値として，製造装置の使用方法や反応条件などノウハウも含めてユーザーに提供するようになった。これによってDRAMは汎用製品となり，韓国の半導体産業の発展の契機を与え，日本のDRAM産業の衰退を招いたといわれている[8]。

　このように，日本企業が莫大な研究開発費と時間を投入して開発したDRAMの製造技術は，製造装置の輸出とこれに伴うノウハウの技術流出によって，韓国企業に移転し，日本企業の市場競争力は驚くほど急速に低下し，韓国サムスンがそれに代わって市場を支配した。日本企業のDRAM市場における敗北の最も大きな要因は，韓国サムスンへの過大な技術指導を含めた

---

[8]　上田智久「DRAM市場における日本企業の分析」『立命館経営学』第43巻第6号，2005年3月，157～161頁。

技術流出にあったといってよい。

そして，DRAMについて起きたことが，今度は，日本をはじめとする外資系企業と中国企業の間でも行われるようになった。1990年代以降，外資系企業が中国の安い労働者に目をつけて，中国に進出し，中国は「世界の工場」と化した。中国人技術者は，中国に進出した外資系企業から高度な技術を取得し，中国企業も外資系企業と切磋琢磨することにより技術や経営のノウハウを様々な機会を通して取得していった。今後，中国企業がこれらの手法で獲得していた技術やノウハウを新興国市場に再流出するようになれば，日本をはじめとする先進国企業のグローバル市場における競争力は大きく低下することになろう。

特に，そのような技術取得の機会を与えたのは外資との技術提携である。技術提携は最効率的な学習手段とみなされておりここ数十年の間に急増している。技術提携のなかでも合弁は双方の技術者や経営幹部において暗黙知の共有がなされる。また，合弁事業では，契約により合法的に技術にアクセスできるばかりか，それ以上に多くのアクセスが可能となる。合弁事業は，その基本的な性質からして，ネットワークへの侵入や，より物理的な形での技術取得に多くの機会を与えるものであるからだ。

また，中国企業においては米国企業と同様に離職率が高いために，社員の移動によって技術流出が日本以上に高まる。米国企業の離職率はすでに高いがさらに上昇する傾向にあるという。日本企業においても，事業の停滞などによって行われた人員整理や，定年後の離職によって，貴重な先端技術やノウハウが韓国，台湾，中国の企業に流出していることは前述したとおりである。複雑な暗黙知であっても，社員の移動に伴って移転先企業に移転され模倣されることができる。技術流出によって，競争力を落とした企業が，リストラ等によって人員整理を行い，これに伴ってさらに貴重なノウハウが競合企業に流出するという悪循環が起きている。

さらに，中国企業による技術獲得は大胆な事業買収によっても行われることがある。これまで，中国企業が行った買収の例としては，レノボによるIBMパソコン事業の買収，浙江吉利控股集団によるボルボの買収などがあ

るが，この他にも建設会社による欧州企業の買収や医療装置事業の買収がある。これらの買収では，技術の獲得だけでなくブランドの取得も目的としている。中国企業によるブランドの買収によってブランドは買収できるというイメージを消費者に与えたため，ブランド価値の低下の要因にもなっている。

次に，「中国型イノベーションシステム」のもう1つの特徴として，製品アーキテクチャのモジュラー化によるサプライチェーンの分業化があるが，分業化された分だけ技術流出の機会が増えるといえる。例えば，日本の製造業においてはサプライヤー企業である下請け企業は部品の設計製造から品質管理まで行う技術力の優れた企業が多いが，このような下請け企業は日本の最終製品メーカーを頂点としたサプライチェーンに系列会社として組み込まれていた。ところが，バブル崩壊を契機に相互持ち株の廃止，銀行の統廃合によって系列が破壊され，サプライチェーンの分断が生じてしまった。ここでも韓国企業が，寸断されたサプライチェーンの間に入り込み，日本の部品メーカーは系列外の韓国企業に部品や半製品を出荷するようになったのである。これによって，サプライチェーンの上位メーカーによる技術流出の管理監督体制も寸断され，製品とともに技術の流出も容易に行われるようになった[9]。その意味では，「中国型イノベーションシステム」はサプライチェーンの分業化を容易にすることを特徴とするシステムであり，技術流出の機会を増やすシステムであるといえる。

技術流出は合法的に行われる場合もあるし，時には違法な場合もあり得る。かつて，中国が知的財産権の保護を軽視していた時代は，模倣は野放しにされていたが，近年では知的財産制度の強化により，以前よりは法律上の規制は強化されている。しかしながら，知的財産制度による技術流出の防止効果には限界があり，また，中国の法制度は種々の点で，抜け道が用意されており，外国企業にとって技術流出の防止は困難であることが多い。

前述したように，模倣者はイノベーターに比較して，研究開発費やマーケティング費用の節減，大きな賭けにでて失敗するリスクを避けることができ

---

[9] 渡邊哲也『売国経済』KKベストセラーズ，2014年，29～31頁。

るという優位点を有している。これは，イノベーターからすれば，研究開発に要したコスト分だけ不利な競争にさらされることを意味する。一般に，製品の生産において最もコストがかかるのは研究開発費であり，研究開発費を払わないで製品化される場合には，これに対応する特許料等の知財コストが負担されなければ，公平な競争原理が働かない。

　第3章で紹介したように，2010年に創業して，僅か4年で携帯電話のグローバル市場でトップ3に踊り出たシャオミの例がある。模倣から出発し，台湾企業であるMTKから提供されたプラットフォームとネットを最大限に活用して，ハイエンドに近いミドルエンドのスマホを超低価格で提供している。スウェーデンのエリクソンは，シャオミがAMR，3G，EDG関連の8件の特許を侵害したとしてインドのデリー高等裁判所に提訴したが，同裁判所はシャオミのインドにおける製品販売の一部に一時（2014年12月～2015年2月5日）中止を命じた。シャオミはエリクソンからのライセンス交渉に応じなかったといわれている[10]。

　このように，シャオミのようにハイエンドに近い製品を低価格で提供する企業に対して，グローバル市場で戦うには，最後は知的財産権しか手段がないであろう。グローバル市場での知的財産権の取得と行使が必要とされているのだ。

技術情報のオープン化とクローズ化

　特許発明などの技術情報は公開によって流出され，財産的価値を失う。そのため，技術情報を秘匿化することによって，流出を防ぐことが行われる。しかしながら，技術情報が秘匿化されると，他者によってその技術を利用する機会がなくなるため，技術開発の促進が妨げられることになる。そこで，新しく発明された技術の秘匿化を防ぎ，産業の発展に資するために，特許制度が設けられている。

　このように，特許制度は，発明者に発明情報の開示を義務付ける代償とし

10　鈴木英子「Xiaomi, インドで一時販売禁止, 特許侵害訴訟で」ITpro, 2014年12月12日
　　（http://itpro.nikkeibp.co.jp/atcl/news/14/121202226/）。

て，発明者に排他的権利を与えている制度であり，技術をオープン化する働きを有しており，技術を秘匿化するものではない。ただし，特許権は排他的な使用権を認めているために，誰でも自由に使用できるように技術を完全にオープン化する機能を果たすものでもない。特許権者は，他者への使用を許可せずに独占的に技術を使用することもでき，または第三者にライセンス契約することによって，一部オープン化することもできるが，オープン化の度合いは限定されている。

そこで，技術をオープン化することによって第三者に利用させないために，特許出願をせずに，技術情報を完全に秘匿化することも行われている。いわゆるブラックボックス化である。技術を公開すると，その技術をベースに改良技術の開発が行われ，せっかく独自に開発した技術が他社による改良技術によって自社が不利になることがあるからである。後述するように，実際に，日本のメーカーが開発した高速鉄道技術を中国企業に技術供与することによって，その技術が改良された上で，自国技術の市場を脅かす存在となっている。

このように技術情報は，完全な秘匿化から，特許権の取得による一部オープン化，さらには技術標準規格のような完全なオープン化まで，さまざまな形態をとりえる。ただし，特許権を取得した際，特許明細書により発明技術が公開される範囲と特許権によりクローズ化される発明の範囲は必ずしも一致するわけではない。特許権の範囲は基本的には特許請求の範囲によって決まるが，明細書の記載内容は特許発明を実施可能な程度に記載すればよく，詳細な条件等までは記載する必要はないからである。すなわち特許法で要求される発明技術の開示内容と現実に実施するための技術情報との間にはかなりかい離があるといえる。また，特許制度は各国ごとに独立して成立している制度であるため，一国において特許化された技術は公開されることにより世界中でオープン化されるものの，クローズ化されるのは特許権が成立した国のみである。この点は，戦略的な特許出願のマネジメントにも関係するので後述することにするが，特許権によるクローズ化される範囲とオープン化される範囲は，出願された国の範囲によっても，明細書の記載内容によって

も異なってくる点については留意する必要がある。

　ある製品の技術情報を秘匿化すると、基本的には利益率は高くなるが市場が拡大しないために売上が伸びない。逆に、オープン化度を高くすると市場は拡大するが、市場における自社のシェアが低下するため利益率は低下する関係にある。単一技術においては、このように、利益率を最大化するためには、秘匿化とオープン化の最適なバランス状態を見出すことになるが、1つの製品に多数の技術が複雑に組み込まれるようになると、一部の技術をオープン化、一部の技術をクローズ化することによって、最大利益を獲得することが可能になった[11]。

　中国に対する知的財産戦略においても、後述するように一部クローズ化（またはブラックボックス）と一部オープン化（または標準化）を適切に組み合わせることが有効であろう。例えば、市場拡大効果を最大限に発揮させるために、できるだけ広い範囲を標準化によってオープン化しつつ、利益を確保するための差別化領域を的確に確保することが重要な戦略となり得る。また、インターフェース標準のように、オープン化領域（標準化領域）を極端に限定し、差別化領域（クローズド領域）の確保を優先する戦略も重要である。インターフェース標準は製品の仕様や性能ではなく、ある製品と他の製品との接続部の互換性を確保するための標準である。インターフェース標準は、市場と市場を接続する効果があるため、一方の市場がすでに拡大していれば、反対側の市場もそれに牽引されて拡大することが期待できるため、新製品の接続部を介して巨大市場に接続することで、製品シェアが一気に拡大することが望めるのである。

プラットフォームの知財マネジメント

　前述したように、「中国型イノベーションシステム」に対応するためには、プラットフォーム戦略が有効であるが、プラットフォームの開発に当たって必要とされる知財マネジメントとはどのようなものであろうか。

11　新宅純二郎・江藤学『コンセンサス標準戦略』日本経済新聞社、2008年、171～173頁。

まず，基幹部品型プラットフォームについては，プラットフォームの内部はその製品の競争力の源泉となるコア技術でなければならず，その開発は，自社または自社の系列会社によってインテグラルに行われる必要がある。その際，開発過程におけるすべての技術情報，知的財産は徹底的に技術流出しないようにマネジメントすることが求められる。日本をはじめ，中国など，プラットフォームが最終製品のサプライチェーンにさらされる国においては，特許出願することを検討すべきである。この際，一国で特許出願すれば技術は公開されるから，保護すべき国には極力特許出願することが望まれる。その意味では，出願国の選択を猶予できるPCT出願をすることが選択肢の1つであろう。ただし，特許出願しなくても，技術が流出されにくい，秘匿化が可能なものについては特許出願せずに，徹底的にブラックボックス化を図ることが考えられる。ブラックボックス化を決めた技術・ノウハウについては，前述したように1)技術流出の防止措置を図る，2)営業秘密としての管理体制を整える，3)先使用権の立証に備える，ことが必要である。

　また，基幹部品または内部の開発はできる限り自社の単独か，系列会社による擦り合わせにより行われることが望ましい。他者との共同開発によると，情報の流出が懸念されるほか，権利関係に柔軟性が得られないために，不利益を被る可能性があるからである。特に，部品・材料メーカーと製品・装置メーカーとの縦型共同開発においては，成果物の実施許諾において相手方の承諾が必要とされる（日本の特許法73条3項）ために，部品・材料メーカーにとって不利となる場合がある。

　これに対して，インターフェース部はオープン化により普及を図る。オープン化といっても，ライセンスすることを前提に特許出願することは検討すべきである。ライセンス条件によって，オープン化の度合い，逆にいうとクローズ化の度合いを決めることができるからである。ライセンスをしない，または高額なライセンス料等厳しい条件を課せば，クローズ化の度合いは高まる。インターフェース部の場合は，基本的には，ライセンス料はフリーとするか（販売によればそもそもライセンス料は発生しない），低く設定するかして，普及スピードを高めることが重視されるべきである。

中国では，必要な技術を備えずに新規参入する企業も多いという事情もあるため，技術レベルの低い企業でも開発に投資する必要がなく使用できるように TurnKey Solution（TKS）によりプラットフォームを提供することが普及スピードを上げる上では有効である。したがって，インターフェース部を標準化するとともに，ユーザー中国市場向けに自社の特徴を備えた製品のカスタマイズを実現するための制御ソフトウェア等の修正が簡単なメニューで行えるようにする他，ユーザーが製品に組み込む際に必要とされる様々なきめ細かな技術支援を提供することが必要である。

インターフェース部とその周縁部の開発は，中国の地場企業との共同開発も含め，他社との共同開発によるオープンイノベーションを積極的に利用すべきであろう。特に，最終製品との関係で，中国の社会環境や中国人の嗜好やニーズ，市場動向などの把握に秀でた中国企業と提携することは中国市場における倹約的イノベーション生み出す有力策となり得る。

実際に台湾のMTKは，中国企業のシャオミ，レノボ，ファーウェイ，クールパッドにプロセッサ（基幹部品型プラットフォームの一種といえる）を提供することによって，これら中国企業が中国市場におけるシェア2位から4位まで独占した。中国企業による，中国市場のニーズに適合した低価格化した製品開発を利用して，自社製品（プロセッサ）の販売量を圧倒的に増やすことに成功している。

また，基幹部品型プラットフォームを中国企業に提供する際にライセンス契約（販売契約等に盛り込まれる場合を含む）を締結する際は，プラットフォームの改良を次々と行うことによって，新製品を市場に送り込み，そのたびにライセンス料等を獲得したいところである。その際，最初のライセンス契約等において，ライセンス対象技術を厳密に定義することによって，将来行われる改良技術との差異が明確になるように規定しておくことが重要である。そして，将来行った改良技術については，協議によって，ライセンス料等の条件を含め，別途，契約を締結することを盛り込んでおくことが有効であろう。

次に，共通部品型プラットフォームの知財マネジメントについて検討しよ

う。共通部品型プラットフォームは，1つの完成品を複数部の共通部品型プラットフォームで構成するものであり，基幹部品型プラットフォームと異なり，それら複数のプラットフォームを組み合わせて完成する。その意味で，共通部品型プラットフォームは基本的には完成品メーカーにより開発されるか，完成品メーカー主導で部品・部材メーカーとの協働で開発されるものである。

このように，共通部品型プラットフォームは，完成品としてのコンセプトがあって，これに適合するように個々プラットフォームの機能等が決められるもので，この点で基幹部品型プラットフォームとは大きく異なる。その意味では，まずは，完成品としてのコンセプトが現地適合型の倹約的イノベーションを達成していることが重要と思われる。したがって，基幹部品型プラットフォームの開発とは異なり，プラットフォームの開発拠点を現地化するなど積極的に現地のノウハウ，情報を取り入れていくことが重要であろう。

次に，1つの完成品を構成する複数の部品共通プラットフォームは，自社技術のコア部となるいわば基幹部品型プラットフォームに相当するプラットフォーム（以下，「コア部」）とそれ以外のプラットフォームに分類することができよう。そして，コア部であるプラットフォームについては，前述した基幹部品型プラットフォームと同様の知財マネジメントが必要とされるだろう。すなわち，コア内部の開発はできる限り自社の単独か，系列会社による擦り合わせにより，徹底してブラックボックス化を図ることが望ましい。また，必要な部分は特許出願して，クローズ化すべきである。

これに対して，コア部以外のプラットフォームは，基本的に倹約的イノベーションを心がけるべきである。共通部品型プラットフォームの最大の目的は，コスト削減であり，同時に現地適合化であるからだ。したがって，コア部以外のプラットフォームの開発に当たっては，コスト的にも優位で現地市場のニーズや嗜好に詳しい現地スタッフを活用することが有益であると思われる。また，コア部以外のプラットフォームの開発に当たっては，品質基準を柔軟にして，現地のニーズの高い機能や，外観を重視して，それ以外の部分については現地メーカーから部品，材料，金型等を調達するなど，基本

的にはコスト削減を図ることが優先されるであろう。

また，コア部についても，コア技術以外の，特に他のプラットフォームとの接続部については，現地メーカーから部品，材料，金型等を調達するなど，基本的にはコスト削減を図ることが可能と思われる。

コア部以外のプラットフォーム及びコア部と他のプラットフォームの接続部の知財マネジメントとしては，現地における知財権利化が特に必要と思われる。中国の場合，特に，他者による模倣を防止するため，特許だけでなく，意匠や実用新案も含めて，中国での権利化を柔軟に，迅速に行うことが必要である。この点については，第6章において詳述する。

合弁会社の知財マネジメント

中国では，1980年代から1990年代にかけては，外資の投資に対する規制が強く，外資による独資企業の設立が法制度上または実務上認められない産業分野が多かった。したがって，中国の産業は，政府により，外資系企業に中国企業との合弁を義務付けることによって，外資系企業の技術を入手し，発展してきたという歴史を有する。例えば，中国政府は，自動車産業を育成するために，中国の国有企業と外資系企業との合弁会社を設立することで技術を獲得し，最終的に自前の製品とブランドを有する国際企業に育成することを図った。中国最大の企業集団であり最も古い歴史を有する第一汽車はVWとトヨタの2社と合弁会社を有して外国ブランド車を生産することから始めた。また，地方政府所管の国有企業であった上海汽車は1984年にVWとの合弁を開始してから中国乗用車産業の主役となり，その後1997年にGMとの合弁開始から，柔軟で多様な車種を投入し続け，短期間に中国最大の乗用車メーカーに成長した。その後，第一汽車は研究開発に力を入れ，VW，トヨタとの技術提携を通じて自主技術の開発を目指している。また，上海汽車も2002年に研究拠点を設立して以来自主技術の研究開発を目指している。

中国の技術力が低く，産業の質，量とも低レベルであった時代は外国企業にとって，中国企業との合弁事業は中国進出への機会を与えるものであり，

市場を拡大するためのツールであった。しかしながら、近年では、中国の技術力が向上し、合弁事業によって中国企業に移転、流出した技術によって、合弁事業に参画した外国企業が中国企業との競争にさらされるという事態が生じている。合弁会社の形態の場合には、契約によって認められている以上に実際には多くの技術へのアクセスを可能とするものである。その理由は、合弁事業は、そもそも基本的な性質からして、ネットワークへの侵入や、より物理的な形での技術盗用に多くの機会を与えるからである。

　例えば、米国の航空宇宙技術は、中国の国有企業である中国商用飛行機有限責任公司（COMAC）や半官半民企業である中国航空工業集団公司（AVIC）の関連会社との合弁事業を通じて技術流出された上で、米国航空機メーカーと市場シェアをめぐって競争されるまでになっている。これらの合弁事業は明らかに中国側にとって中国の航空機産業の発展という目的に合致したメカニズムを有するものである。しかも、AVIC 社などはボーイングやエアバス社などの市場をめぐって競争する意図を堂々と宣言しているという[12]。

　また、外国企業がネット関連事業について中国に単独で進出するのが困難となっている。中国ではコンテンツ発信に関する規制が非常に厳しく、営利目的の場合には、「インターネットコンテンツプロバイダー（ICP）」のライセンスを取得する必要がある。この際、日本独資の企業では取得できず、合弁もしくは中国独資であることが必要とされている。中国は戦略的新興産業の一分野としてクラウド・コンピューティングサービス事業を位置付けているが、この分野においても政府は外資系企業に対して、中国企業との合弁会社を設立するように働きかけている。外国企業との合弁事業においては、付加価値通信サービス（VATS）規制により出資割合は 50％までに制限される可能性がある。また、サービス提携企業は ICP のライセンスが必要となる可能性があるため、「外国投資による通信企業（FITE）」と呼ばれる特別な合弁事業を設立しなければならない。FITE の承認を得るための手続きは複雑であり、多くの複雑な手続きを経るたびに技術が流出する恐れが危惧さ

---

[12] エドワード・ルトワック、前掲書、285～289 頁。

れている[13]。

したがって，中国に現地法人を設立する場合，中国の産業規制を十分調査した上で，自社の知的財産保護のために，独資にするか合弁にするか，あるいはM&Aにより中国企業を買収するか，どのような形態をとるべきかを決める必要がある[14]。その上で，合弁会社の形態をとる場合には，技術流出を防ぎ自社の権利確保するための規定を合弁契約おいて明確に定めておくことが必要とされる。例えば，合弁事業の解消後においても，中国側に供与した技術が継続して使用されたり，中国側の相手方を通じて第三者に技術流出する可能性がある。また，独資であっても，社内の秘密保持に対する措置が十分でなければ技術流出の可能性が高まる。

合弁会社の設立の際には，知的財産権保護の観点から，以下の2点が特に留意すべである。①合弁相手の中国側パートナーに，合弁事業のため必要な範囲を超えて技術を取得されないか，②合弁会社から秘密技術が流出しないか。

また，合弁契約の終了について，以下の点を契約上明記するとともに，契約終了時にはこれらの点が実際に履行されたことを直接確認することが重要である。①契約終了とともに，合弁会社は，当該技術を使用する権利を失い，製品の生産・販売を即時中止する義務を負う，②合弁会社に供与した技術資料を，写しも含めてライセンサーに返還する，③合弁会社の使用していた金型や専門の製造設備などを廃棄する，④日本側に供与した技術を用いて製造された製品，半製品，部品や包装材を廃棄または日本側に返還する[15]。

研究開発拠点の知財マネジメント

21世紀に入って，企業が世界的な研究開発機能の一環として中国にR&D拠点の一部を移転し始めている。すでに，1994年から2009年までに，中国において外資系企業によって設立されたR&D拠点は1200か所あまりに達

---

[13] ジェームズ・マグレガー，前掲書，98〜100頁。
[14] ジェトロ編「模倣品対策マニュアル」中国編，2012年3月。
[15] 同上書。

している。

　中国に研究開発拠点を移すことの意義としては，次の2点を挙げることができる。1つは，これまで，強調してきたように，中国型イノベーションシステムに対応するためのプラットフォームの提供や産業政策を先取りした製品開発等のために，研究部開発部門の一部を現地化して倹約的イノベーションを達成することである。もう1つは，中国における高い技術開発力と人材の強みが期待される電子，通信，医薬，医療機器などの分野において，中国を開発拠点として生み出した製品を世界の市場へ送り出すためのリバース・イノベーションの拠点とすることである。

　中国に研究開発拠点を設立するに際しては，得られた研究開発成果の帰属や，中国企業との共同開発の点でいくつかの知財マネジメント上の留意が必要である。

(1) 研究開発成果の帰属

　中国において100％独資の研究開発拠点を設立することは可能であるが，その際，「外商投資研究開発センターの設立に関する問題についての通知」に従って，審査許可機関に設立申請書類を提出する必要がある。この設立申請書類には研究開発センターの研究開発成果の帰属についても記載しなければならない（研究開発センター設立通知3条3項）。したがって，同研究開発拠点における研究開発成果を全て自社に帰属させるためには，設立申請書類に，研究開発成果を全て自社に帰属する旨記載する必要がある。この場合，研究開発成果は外商研究開発センターの所有物とならないため，研究開発成果を中国内の第三者に譲渡しても譲渡収入の免税措置は受けられない。

　また，研究開発成果の輸出についての技術輸出入管理条例による制限についても，自社による原始的帰属であるため，輸出行為には当たらないため，原則として技術輸出入管理条例の適用はないはずである。しかしながら，実質的には中国における研究開発成果が外国企業に移転されるため，設立申請等の際に当局の許可が得られない可能性が否定できない。したがって，研究開発拠点における研究開発の内容については，技術輸出入管理条例によって輸出を制限，禁止されている技術でないか留意する必要がある。

(2) 共同研究開発の知財マネジメント

＜契約の無効性＞

中国における共同研究開発は，契約法上，共同研究開発（契約法335条）と委託研究開発（契約法331条）の２種類がある。いずれにおいても，相手側の中国企業等と共同研究開発契約，委託研究開発契約を締結することになる。この際，契約の内容が，強行法規の規定違反や技術進歩を妨げた技術の独占による無効とならないように留意する必要がある。契約法等による無効事由としては，①通謀で第三者の利益を侵害すること，②不正行為を目的とすること，③契約発効の要件である許認可，登記の手続が踏まれてないこと，が挙げられる。

強行法規規定違反として争われた事例としては，委託先企業の技術方法が「建築設計防火規範」などの強硬法規に違反するとの契約無効の主張が，「建築設計防火規範」は，建設部，国家品質監督総局が連名で公表した技術基準であり，強行法規に当たらないとして退けられた例がある。強行法規違反として技術契約が無効となる例としては以下のものがある。

- 著作権，特許権，特許実施権，特許出願権，技術秘密使用権及び譲渡権などの権利を侵害する。
- 政府から委託を受けずに，核兵器，生物化学兵器，ギャンブル機器を開発する，麻薬を研究する。
- 特定の者に禁止される研究に関する規定に違反する。

技術進歩を妨げた技術の独占の事例としては，委託元企業が委託先企業以外の技術を禁止する条項が，技術独占として無効となった例がある。ただし，無効とされたのは当該条例のみで，契約全体が無効とされたわけではない。

＜研究開発成果の帰属＞

共同研究開発及び委託研究開発において，研究開発成果を全て自社に帰属させることは，それぞれ契約で明記することにより可能である。

委託開発で完成した成果物（発明創造）については，中国の契約法（339条1項）及び特許法（8条）は，単独で完成させた個人または団体に帰属さ

れるとしているが，ともに，別途契約で定めることが可能である任意規定とされている。また，共同研究により完成した成果物（発明創造）については，契約法（340条1項）では当事者の共有に属すると規定し，特許法（8条）は，単独で完成させた研究開発者または団体に帰属されるとしているが，ともに，別途契約で定めることが可能である任意規定とされている。

したがって，共同研究開発及び委託研究開発において，研究開発成果を自社に単独で帰属させることは契約で明記することにより可能である。

3　中国型知財リスクの対策

技術流出の防止

これまで述べてきたように，中国は，外国の技術，情報を取り入れる国家的なシステムを組み立て，それによって現実問題を解決するために，応用，適用させる「中国型イノベーションシステム」によって，リスクを省き，経済的優位性を得ることを戦略的に行っている。そして他国の技術，情報を入手する方法は，合法的，非合法的に様々な手法によって行われている。かつて日本は，「スパイ天国」と呼ばれるほど無防備で，いわば，格好の標的にされたといっても過言ではない。技術流出を許しておくと，イノベーションへの投資意欲を殺ぎ，不正な企業に競争力を持たせることによって，市場の機能を損ない，雇用までが失われてしまう。そこで，技術流出の防止策について，詳しく述べたい。

経済産業省の「技術流出防止指針」[16]によれば，技術流出は大きく分けて次のパターンに整理される。

(1)	技術ライセンスや技術援助に係る技術流出
(2)	海外生産の開始・拡大に伴う技術流出
(3)	製造に必要な部材や材料に化体された技術流出

16　経済産業省「技術流出防止指針」，2003年。

(4)	製造に必要な機械や設備に化体された技術流出
(5)	製造に必要な図面やノウハウの流出を通じた技術流出
(6)	人を通じた技術流出
(7)	その他の要因による技術流出

以下，上記パターンごとに，具体的対策について述べる[17]。

(1) 技術ライセンスや技術援助に係わる技術流出

ライセンス契約において，本来講ずべき対応策を契約内容に盛り込むことができなかったため，意図した範囲を超えて技術が使用されることがある。また，契約の事後的な管理が不十分であるために，ライセンシーが事前協議もなく第三国市場に低価格で輸出したり，合弁相手の企業から別の当該国企業にサブライセンスされてしまうことも起きている。

このような事態を防ぐためには，ライセンス契約締結の際に，事前に相手企業の信用調査を行うなど，自社の重要な技術を移転するに適した企業かどうかを慎重に判断することが必要とされる。また，ライセンス契約の対象となる許諾技術や秘密情報（ノウハウ）の範囲をできる限り具体的に規定する必要がある。例えば，供与技術情報は契約書の付属文書にリストアップする形で明記する。さらに，秘密保持義務及びこれに違反した場合の違約金等を規定し，違反行為がないかどうか，相手方に立ち入り調査できる権利と相手方のこれに対する協力義務を明記するとともに，立ち入り調査の予告，次期，時間帯，費用等についても具体的に規定することが望ましい。

輸出禁止規定については，第三者に独占的販売代理権を付与している国・地域について輸出を禁止することは許される可能性が高いため，合理的な理由がある国・地域への輸出は禁止する旨規定することが望ましい。

契約締結後においては，定期的に相手方とコミュニケーションをとり，ライセンス契約の履行状況についてモニタリングを行う必要がある。お互いに

---

[17] 以下の事例及び対策については，ジェトロ，前掲「模倣品対策マニュアル」中国編及び肥塚直人『技術流出リスクへの実務対応』中央経済社，2014年を参考にした。

違反行為の疑義が発生した場合は早い段階で，履行を促し，契約に基づく検査権の行使，契約に反した製品が横流しされていないかの市場調査等を行うことが必要である。

契約終了時における営業秘密の防止規定を設け，ライセンシー企業の保有する技術資料の返還義務，供与した金型や製造設備の廃棄義務，供与技術を用いて製造された製品，部材等を処分する義務を定める。

(2) 海外生産の開始・拡大に伴う技術流出

納入先からの強い進出要請により，現地生産の是非の判断や現地生産を行う場合の製造ノウハウを管理するための対策が不十分なまま，現地生産に踏み切り，技術流出が生じてしまうことが起きている。

また，事後的管理として，合弁会社の工場の夜間や休日の管理が不十分なために，契約外の製品などを製造・横流されてしまったり，現地法人の従業員を日本で研修させた後，現地の同業他社に転職してしまったなどの事例がある。

このような事態を想定して，第3章「営業秘密の保護」で述べたように，秘密情報については営業秘密として保護されるための「有用性」，「非公知性」，「実用性」，「秘密管理性」の4要件を満たすように対策を講じることが必要である。特に，具体的な秘密管理措置として，①秘密情報が知られている範囲を限定し，それを知らなければならない者に限ってその内容を告知していること，②秘密情報の媒体に対し施錠などの措置が取られていること，③秘密情報の媒体に秘密保持表示が存在すること，④秘密情報にパスワードまたはコードが存在すること，⑤秘密保持契約が締結されていること，⑥秘密情報を含む機械，工場，現場への訪問が制限されており，秘密保持が要求されていること，⑦情報の秘密性を確保するその他の合理的措置を講じることが重要である。

また，従業員の転職の防止対策として，賃金・待遇面の改善，信賞必罰の徹底，現地社員の意見を反映する等の措置を講ずることも有効である。競業避止契約は労働契約法24条により認められており，競業避止規定を締結す

ることが有効である。競業避止契約の対象となる者は，上級管理職や上級技術者，秘密保持義務を負う者のみであり，競業避止期間は2年以内とする。また，競業避止期間中に毎月補償金を支払う旨の経済補償規定をおくことが義務付けられている。

さらに，従業員の入社時に秘密保持契約を締結し，違反時の懲罰規定を明記するとともに，研修後の離職制限契約は労働契約法22条により認められており，企業が費用を提供して従業員に専門的技術研修を受けさせる場合に，離職制限期間を規定することも有効である。

(3) 製造に必要な部材や材料に化体された技術流出

技術指導先の企業から受け入れた研修生が生産現場における使用材料のメーカー，品番をメモし，後で，当該メーカーに同じ材料を発注した例がある。

このような事態を防ぐためには，重要な書類，材料，部品，製品等の情報にアクセスできる者を限定し，工場見学など部外者の施設内への立ち入りを制限し，立ち入りを許可する場合は秘密保持誓約書を提出させることが必要である。

また，営業秘密管理の基本方針を定め，情報管理の専門部署を設置し，秘密情報が含まれる重要な材料，部品，製品についての，情報管理体制を十分に構築し，当該，材料，部品，製品の取引先に対しても情報管理を徹底することが望まれる。

(4) 製造に必要な機械や設備に化体された技術流出

相手企業を技術指導する際に自社と同じ機械を導入させたところ，当該企業に出入りする現地の機械メーカーにより模倣品を低価格で製造・販売された例や，機械を販売した相手先から技術ノウハウが流出し，相手国において製造機械の模倣品が多数製造されてしまったことがある。

また，製造装置のパラメータ情報を同装置の装置メーカーに渡したところ，同メーカーが類似の装置を販売する際にそのパラメータ情報が流出した例や，

他社が最先端製品の海外生産を率先して行ったところ，製造装置等に含まれる重要な情報やノウハウ等の管理が不十分であること等により当該製品の製造技術が流出した例が報告されている。

このような事態を防ぐためには，重要な技術・製品はブラックボックス化して，輸出，販売等を行う，秘密情報が含まれる製品等を引き渡す場合は秘密保持契約を同時に締結し，罰則規定を設けることが必要とされる。

(5) 製造に必要な図面やノウハウの流出を通じた技術流出

自社の管理下にある図面・ノウハウなどが従業員によりコピーし持ち出されたり，3次元CAD等の電子媒体について，情報管理の徹底していない企業・従業員への安易な送信や，現地の従業員が勝手にコピーしたり，他へ転送してしまったりすることにより，技術流出を招いた例がある。

また，金型メーカーのノウハウが含まれた図面を，メンテナンスのためという理由で守秘義務契約を結ぶことなくユーザー企業に提出させられた後，当該ユーザー企業から海外の金型メーカーに流出した例や，コスト削減のため，コンピュータ・シミュレーション等の開発工程の一部を知的財産保護の弱い国の企業に委託したところ，委託先からソフトウェアの流出が起きた例が報告されている。

このような事態を招かないために，重要度の高い製品，部品，情報を展示，販売，輸出等により開示する場合は，事業の根幹となるような情報は開示しないことを原則とすることが求められる。開示する場合は，開示の範囲を限定することが必要である。また，契約上の義務をしっかり履行させるために，定期的な報告，調査の実施を行うことも重要である。

(6) 人を通じた技術流出

人を通じた技術流出は，近年特に注目されている。2012年には，新日鉄（現・新日鉄住金）が韓国ポスコに対して，方向性電磁鋼板の製造技術元従業員経由で不正に取得したとして約1000億円の損害賠償を請求したが，事件は3年以上継続した後，2015年3月に和解が成立した。また，2014年に

は,東芝がNAND型フラッシュメモリの共同開発の相手方であった米国半導体メーカーサンディスクの元社員が同メモリの技術に関する機密情報を不正入手し,ハイニックスに持ち込んだとして産業スパイの容疑で逮捕されたと報道された。

中国企業への人を通じた技術流出の事例としては,米国企業の元従業員によって風力タービン技術が中国の風力タービンメーカーであるシノベル(華鋭風電科技集団)に流出したケースが挙げられる。2011年11月,米国アメリカン・スーパーコンダクター社(現AMSC)は,子会社のウィンドテックの元従業員が150万ドルと引き換えにAMSCの風力タービン技術をシノベルに引き渡したとして,シノベルを相手に,企業秘密の窃盗及び現行契約不履行に対して総額12億ドルの賠償を求め,4つの訴訟を起こした。シノベルはAMSCに対して2つの対抗訴訟を提起しており,現在中国の裁判所で合計4つの訴訟がシノベルとAMSC間で争われている[18]。

米国では人を通じた技術流出(営業秘密の窃取)による被害が相次いでおり,その被害額は1年間で130億ドルを超えるともいわれている。米国では1996年に「経済スパイ法」を制定し,営業秘密の窃取を連邦犯罪として取り扱うこととされた。

これに対して日本では,営業秘密を刑事罰の対象とすることは極めて不熱心であった。2003年の不正競争防止法の改正によって刑事罰が取り入れられたが,実効性は弱かった。しかし,相次ぐ営業秘密漏えい事件の発生を受け2015年7月の改正によって,刑事罰が強化された。具体的には,処罰範囲の拡大として,①技術上の秘密を悪用して生産された物の譲渡・輸出入等,②営業秘密の転得者(3次取得者以降)による使用・開示,③海外サーバー上等の営業秘密の不正取得・領得(国外犯処罰範囲の拡大),④未遂行為の処罰,⑤営業秘密侵害罪の非親告罪化が盛り込まれた。また,罰則の強化として,①罰金の上限額の引上げ,②海外の営業秘密不正取得・使用等の重罰化(海外重課),③営業秘密侵害により得た収益の没収・追徴等が盛り込ま

---

18 ジェームズ・マグレガー,前掲書,116~118頁。

れた。

　さらに，民事関係では，①技術上の秘密を悪用して生産された物の譲渡・輸出入等の制限，②営業秘密の不正使用行為の推定，③差止請求権の除斥期間の拡大が盛り込まれた。

　これにより，日本の法制度も飛躍的に強化され，米国をはじめ諸外国の法制度と比較しても遜色のないものとなっている。今後は，上記法改正を受けて，日本企業も営業秘密の漏洩防止のために万全の対策を取るとともに，漏洩が発覚した場合には断固とした措置を取ることが必要とされる。

　営業秘密漏洩を事前に防ぐための対策としては，技術者の処遇を配慮し，技術者のモチベーションが下がらないような経営に配慮する，就業規則を定め，その中に従業員の秘密情報の漏洩を禁止する文言を入れる，就業規則とは別に，従業員などの入社時や退職時などに，「誓約書」という形式で秘密保持契約義務を課すことが挙げられる。前述したように，競業避止契約は労働契約法24条により認められている。競業避止契約の締結に当たっては，その有効性について裁判で争われていることから，すべての従業員を対象とするのではなく，重要な情報にアクセスできる者，重要な情報を取り扱う部署やプロジェクトチームのメンバー，上級の管理者などに限定して締結することが有効である。また，技術流出防止の重要性，知的財産や営業秘密の管理の重要性について研修や教育を行い社員のコンプライアンス意識を高めることも重要であろう。

(7) その他の要因による技術流出

　製品のリバースエンジニアリング防止策などをはじめとする全社的な統一方針や対策が不足していたことや，展示会におけるカタログなどに記載された詳細な製品情報を通じて技術の流出が生じた例や，工場レイアウト，生産プロセス，研究施設などの第三者への開示に伴い，これらの情報が競合企業に流出した例がある。

　このような事態を招かないために，前述したように，事業の根幹となるような情報は開示しないことを原則とすることが求められる。また，契約上の

模倣品対策

　日本企業の製品に対する模倣品の製造は，アジア太平洋地域において増加しており，なかでも中国においては依然として深刻な状況にある。模倣品の氾濫は，日本企業にとって，真正品のマーケットシェアの低下，消費者に対するブランドイメージの低下，製造物責任をめぐるトラブルの増加と信用の低下などの悪影響が計り知れない。

　特許庁が2007～2011年度の5年間において知財権出願件数の多い上位8081社を対象として調査を行った「2013年度模倣品調査報告書」[19]によれば，2012年度の1社当たりの平均被害額は1.9億円，模倣被害総額は1001億円（前年度1255億円），模倣被害率（模倣被害社数／総回答社数）は21.8%（前年度23.4%）であり，前年度より低下しているものの依然として大きな被害を受けている。国・地域別では，模倣被害を受けた企業の67.8%が中国であり，次に台湾の21.3%であり，これらの国での被害率が依然として高い水準にあることがわかる。また，模倣被害を受けた企業のうち20.2%の企業がアセアン6か国（インドネシア，タイ，マレーシア，シンガポール，ベトナム，フィリピン）において被害を受けたと回答しており，同地域における被害が増加傾向となっている。

　権利別の被害の割合は，商標が59.4%，次いで，意匠36.3%，特許・実用新案31.6%，著作物17.8%となっている。また，インターネット上の模倣被害については，模倣被害を受けた企業のうち62.3%がネット上で被害を受けており，前年度の53.9%から増加している。

　中国における模倣品は，最近では模倣の形態がより複雑，巧妙になっている。例えば，液晶テレビの外形的には何らの商標も付されていないものが，テレビを付けると画面上に有名商標が表示されものや，見た目はそっくりで

---

[19] 特許庁編「2013年度模倣品調査報告書」2014年。

商標を貼付せずに販売するものなどがある。これは，商標が貼付されていないために商標権侵害とはならないため，意匠権侵害を主張するしかないが，意匠権に基づく権利主張は簡単ではない。また，現行の中国の法令では，日本の不正競争防止法の形態模倣品の提供行為等に対応する規定が存在しないため，知名商品特有のデザインが模倣された場合にしか救済できないという問題がある。

中国では一度処罰されても再び模倣品を生産する再犯行為が後を絶たない。再犯事例は，同じ場所で模倣品の生産を再開している場合が多いが，最近では，日中は正規品を生産する業者を装い，夜間や休日に模倣品の生産を行って当局の摘発を逃れている業者や，工場ではなく，摘発されにくいマンションなどの民家で模倣品を製造する業者もいるという。

このように，中国で再犯行為が横行している要因としては，刑事訴追基準の運用が地方によって不統一で，刑事移送される侵害行為が少ないこと，模倣行為で得た利益に比べて過料が低いことから抑止効果が働いていないこと，さらに，摘発した模倣品業者の侵害履歴を管理するシステムが未整備であることなどが挙げられる[20]。

模倣品による知的財産権の侵害行為への対処手段としては，中国特有の制度である行政機関による取締り，人民法院での訴訟，税関での水際取締りなどを利用することができる。

行政機関による取締りは，商標権については地方の工商行政管理局が，特許，実用新案，意匠権については地方の知識産権局が，強制的な調査権や，侵害行為の停止，違法所得の没収，罰金などを命じる権限を有している。また，原産地虚偽表示等製品品質違反については，質量技術監督局の行政処罰決定が侵害品の製造停止等の権限を有し，知名商品の名称，放送，装飾の模倣については，行政管理局が行政処罰の権限を有している。

行政機関による取締りのメリットとしては，事実調査を迅速に積極的に行う，コストが安いことが挙げられるが，デメリットとして強制執行力を有し

---

[20] 経済産業省編「模倣品・海賊版対策の相談業務に関する年次報告」2014年。

ない点が挙げられる。

　一方，人民法院による訴訟も迅速化しつつあるが，行政機関による取締りより費用がかかる。したがって，模倣品が多発している消耗品については迅速かつ安価な行政機関による取締りを活用することが望ましい。特に，商標権や意匠権の侵害については，技術的特徴の把握が特許の場合よりも容易であり，税関による水際措置や工商行政管理局による迅速な摘発が効果的である。

インターネット上での模倣品販売
　近年，インターネットの普及と製品購買スタイルの変化に伴い，インターネット上での模倣品・海賊版被害も増加している。特許庁「2013年度模倣被害調査報告書」によれば，日本企業がインターネット上で受けた具体的な被害の内容は，「海外インターネット通販サイトによる模倣品の販売取引」と「商標等の無断使用・類似商標の使用」（40.1％）が最も多く，次いで，「国内インターネット通販サイトによる模倣品の販売取引」（27.4％）となっている。

　中国におけるインターネット普及率及びインターネットユーザー数は，年々増加を続けており，インターネット普及率は45.8％，インターネットユーザー数は約6.18億人にも達している。アリババやタオバオなどの電子商取引産業も急速に発展し，インターネットによるコンテンツの取得も進んでいる。

　しかし，中国の電子商取引サイトや動画サイトにおいては，多数の模倣品・海賊版が流通している。インターネット取引は，匿名性が高く，侵害者を特定することが困難で，中国では法制度も未整備な状況にあるため，インターネット上の模倣品の氾濫は深刻な問題となっている。

　2009年12月には，「権利侵害責任法」が制定され，2010年7月1日から施行されている。この法律は，権利が侵害された場合の救済を幅広く規定しており，個人の権利を保護する規定が整備された。これによって，インターネット上における権利侵害も同法によって救済され得ることとなった。

また，工商行政管理総局は「インターネット商品等取引管理暫定弁法」を2010年7月1日より施行している。同弁法は，主に中国国内においてインターネット商品取引及び関連サービス行為を行う事業者，インターネットサービス事業者及びインターネット取引プラットフォームサービスを提供する事業者に対する規範化を行っている。この法令では，インターネット事業者に主体の身分，営業許可証等を公開，公示するよう求めている。これにより，日系企業を含む他の企業が係るインターネット事業者の身分，経営範囲，所在地等の情報を把握することができる。また，ウェブサイト経営者の義務として，①ウェブサイトを通じて商品又はサービス提供する者に対する検査監督制度の構築，②権利侵害行為を証明する証拠がある場合，「権利侵害法」に基づく必要な措置の執行，③不法経営者の登録情報，取引データのバックアップなどの資料の提供等を規定している。

　以上のように，現在，中国ではインターネット上に模倣品を発見した場合，権利者権利侵害責任法に基づき，ウェブサイト経営者に提訴することができ，また，インターネット商品取引等管理暫定弁法に基づき工商行政管理局に提訴することができる[21]。

冒認商標出願問題

　近年，中国において，中国の企業等により日本の商標が勝手に商標登録されるという「冒認商標出願」が多発している。これは，インターネット等を通じて，外国のブランドやコンテンツ等を知った者が，中国において当該ブランドやコンテンツ等が商標登録出願されていないことを奇貨として，先に商標登録出願するのである。冒認商標出願は，「抜け駆け商標登録」とも呼ばれ，日本の企業が中国で商標を出願・登録する前に，第三者が自己名義で他人の商標を出願・登録してしまうこと等を意味する。

　これは，中国の商標法は，日本の商標法と同様に，「先願主義」を採用しているため，第三者が実際に使用している商標であっても，先に中国に当該

---

[21] 谷山稔男「中国知的財産制度における最新状況」『特許研究』No.50, 2010年9月。

商標を出願して登録を受ければ，その登録名義人の許諾を得ずに当該商標を使用すると，商標権侵害を理由に差止請求や損害賠償請求をすることができるからである。

　日本に関係する事例は多数あるため例示しきれないが，一部を挙げると，三重県松阪市が 2006 年，同地特産の「松阪牛」を中国で商標出願しようとしたが，「阪」の字が違う「松坂牛」という商標が中国企業によって先に出願されていることがわかった。また，1999 年 11 月，株式会社良品計画（以下，「日本良品」）が中国で 25 類などにおいて商標「無印良品 MUJI」を出願したが，25 類の商標は，香港企業の盛能投資有限公司（以下，「JBI 社」）が類似商品において商標「無印良品」と「MUJI」を先行出願し，かつ登録になったという理由で中国商標局に却下された。さらに，アニメで有名な「クレヨンしんちゃん」の中国語名及びキャラクターが，中国で第三者によって商標登録され，本家である扶桑社が中国において商標権侵害で訴えられたという例など多数ある。

　こうした冒認商標出願が増加している背景としては，種々に指摘されているが，例えば，インターネットの普及により誰でも外国ブランド等の情報を簡単に入手できるようになったことや，将来中国に進出しそうな日本のブランドを商標出願・登録して高値で買い取らせようとする者が増加しているといわれている。また，冒認出願を積極的に手引きする代理人の存在も指摘されている。

　このため，中国において事業活動を行う予定のある企業は，日本だけでなく中国においても迅速に権利を取得することが望まれる。また，企業名等の重要な商標については出願や登録情報を継続的にモニタリングし，係争が必要な場合には迅速に対応することが望まれる。

　上記の「クレヨンしんちゃん」の事例では，台湾で「クレヨンしんちゃん」のテレビ放映や漫画が発売された直後から中国で海賊版アニメの CVD やキャラクターが出始めたが，扶桑社はその時点でも中国では「クレヨンしんちゃん」のアニメや漫画を販売していなかったため商標登録出願をしていなかった[22]。

冒認商標出願に対する対抗措置としては，登録商標の公開後3か月間の異議申立制度がある。重要な商標についてはモニタリングをすることによって，異議申立制度を活用することも考えるべきである。

　中国で未登録の著名商標と同一又は類似の商品上に当該著名商標を複製，模倣又は翻訳した商標を登録することを認めず，かつ当該商標の使用を禁止している（商標法13条1項）。また，同一又は類似しない商品について出願した商標の場合には，①当該著名商標を中国で登録しており，②公衆に誤認させ，③当該著名商標権者の利益に損害を与えるときには，その登録とその使用を禁止することができると規定している（同条2項）。さらに，「登録された商標が，この法律の13条，15条，16条，31条の規定に違反している場合，商標の登録日から5年以内に，商標所有人又は利害関係者は商標評審委員会にその登録商標の取消を請求することができる。ただし，著名商標の所有者は，悪意による登録をした者に対して，5年間の期限の制限を受けない。」（同41条項）と規定しており，著名商標を根拠として商標登録取消請求をすることが可能とされている。

　すなわち，冒認出願がなされた場合でも，当該商標が著名商標として保護される場合には，登録商標の取消請求をすることができる。

　また，中国の商標法は，「商標登録の出願は，他人の既存の権利を侵害してはならない。人が既に使用している一定の影響力を有する商標を不正な手段によって抜け駆けして登録してはならない。」（31条）と規定しており，「既に登録された商標が商標法31条の規定に違反している場合は，商標の登録日から5年以内に，商標所有者又は利害関係者は，商標評審委員会にその登録商標の取消裁定を申し立てることができる。」（41条2項）と規定している。

　商標法31条違反は，冒認出願商標に係る商標局への異議申立てによっても，また，冒認出願して登録に至った商標に係る商標評審委員会への登録商

22　後述するように，双葉社は，中国企業が無断で「クレヨンしんちゃん」の図形等を付けた子供靴等を販売した行為に対し2004年8月に提訴した。その後，中国企業が登録した不正商標を無効にする手続き等を経て，2012年3月に著作権侵害で勝訴している。

標取消裁定申立てにおいても，法的根拠として主張できる。しかしながら，ジェトロ「中国商標権冒認出願対策マニュアル」[23]によれば，商標法31条違反は，現行制度下で，冒認出願商標の取消を申し立てようとする者がしばしば主張の根拠とするアプローチだが，「商標登録者の出願時以前において，当該出願に係る指定商品に関して，取消審判申立人たる外国企業の中国国内における使用の事実を証明する証拠」を提出が困難である場合が多く，立証が容易でないという問題があるとされている。詳しくは，同マニュアルを参照されたい。

さらに，「既に登録された商標が……欺瞞的な手段又はその他の不正な手段により登録を得ていた場合は，商標局は，その登録商標を取り消す。その他の単位又は個人は，商標評審委員会にその登録商標の取消裁定を申し立てることができる」（商標法41条1項）に基づいて冒認出願が欺瞞的な手段又はその他の不正な手段で得られたものであることを主張して登録取消を請求する手段がある。この場合にも，「係争商標登録出願日の前に，他人が既に中国で当該商標を使用していたこと」の立証が困難となる場合が多いとされる（同マニュアル）。

以上のように，一旦，日本企業が冒認出願の被害に遭えば，中国ビジネスに与える悪影響は極めて大きい。冒認出願商標が登録されてしまうと，それを取り消すためには，多くの時間的・金銭的・労力的コストがかかるだけでなく，最終的に日本企業が商標を取り戻すことができるとは限らない。したがって，中国において事業活動を行う予定のある企業は，中国においても迅速に商標出願，登録を行っておくことが望ましい。

事後的に冒認商標の取消が認められたケースとしては，例えば，ヨネックスが，平成21（2009）年10月に商標局に対し，公告された冒認商標「ロゴ＋YONEX」について異議申立てを行い，平成24年3月にヨネックスの異議申立てが認められ，当該冒認商標の拒絶査定が確定した例が挙げられる。また，良品計画は，平成12（2000）年5月に商標評審委員会へ，拒絶査定に対

---

[23] ジェトロ北京センター知的財産権部，遠藤誠「中国商標権冒認出願対策マニュアル」特許庁，2008年。

する不服審判と抜け駆け登録された商標（「無印良品」「MUJI」）の取消裁定を請求し，平成19(2007)年10月に商標「無印良品」，同年12月に商標「MUJI」の取消が確定した。さらに，双葉社は，中国企業が無断で「クレヨンしんちゃん」の図形等を付けた子供靴等を販売した行為に対し2004年8月に提訴した。その後，中国企業が登録した不正商標を無効にする手続き等を経て，2012年3月に著作権侵害で勝訴している。

先使用権

　特許出願せずに秘匿化するノウハウや営業秘密などを等秘密情報として管理する場合には，万が一情報が流出され，他者にその技術を基に特許が取得された場合に備えて先使用権の主張のための証拠を整備しておくことが重要である。ただし，中国では先使用権の主張のための立証手続は容易ではなく，先使用権が認められる要件も厳格であるから，ノウハウ等を秘匿化する場合には技術流出の防止を徹底すべきことが先決であることは言うまでもない。

　中国特許法69条1項2号には特許権の侵害とみなされない行為として，「特許出願日前に既に同一の製品を製造し，同一の方法を使用し，又は既に製造，使用に必要な準備を終え，かつ従来の範囲内で製造，使用を継続する場合」を規定している。ここで，「特許権侵害紛争事件の審理における法律の適用に関する若干の問題に関する解釈」15条には，「既に製造，使用に必要な準備を終え」の具体的な内容として，1)発明の実施に必須の主要な生産技術文書を既に完成していること，2)発明創造の実施に必須の主要な設備又は原材料を既に製造又は購入していること，と規定している。また，「特許法第69条1項2号に規定する従来の範囲とは，特許出願日前に既に存在する生産規模及び従来の生産設備を利用するか，又は従来の生産準備をもって達成可能な生産規模が含まれる」と規定されている。

　したがって，中国において実施の準備による先使用権が認められるためには，専用設備を整備し，試作品の製作などを完了しておくことが必要とされる。また，特許出願日以降に生産ラインを増加し，生産設備を増設することなどにより生産規模が拡大する場合には，先使用権が及ばない可能性がある。

先使用権の移転については，前記司法解釈15条には，「先使用権者が特許出願日後，既に実施し又は実施に必要な準備をした技術又は意匠について譲渡又は他人に実施許諾し，被疑侵害者は当該実施行為が従来の範囲内での継続実施であると主張した場合，人民院はこれを支持しない。ただし，当該技術又は意匠が従来の企業とともに譲渡又は継承された場合はこの限りでない」と規定されている。

したがって，先使用権の移転については，日本と同様に，従来の企業とともに譲渡または承継されない限り許されない。

上記に具体的に規定されている点が立証するためには証跡が必要であるため，公証人により公証を受けておくことが望まれる。日本では会社実務上公証役場を活用することは稀であるが，中国では会社実務において契約書などの真正性を担保するために公証人による公証を用いることが一般的に行われている。中国では印鑑登録制度が整備されていない代わりに，公証を受けた法律行為または事実が民事訴訟の事実の認定の根拠となることが法律で定められている。

公証人による証拠保全の方法としては，公証人の立ち会いの上で，設計図面，技術資料，製造設備の図面，製造運転日誌，工場の稼働の様子を撮影した写真やビデオなどの技術の仕様の事実を証明できる資料を箱に梱包して封印し，公証人に確定日付で公正証書を作成してもらうことができる。また，文章等の資料のみを公証する場合は，公証所内で証拠保全を行うこともできる。

また，先使用権で保護されるのは「従来の範囲内で製造，使用を継続する場合」に限られるため，工場の設備の改良やラインの増設などを行う場合は，その都度改めて交渉手続を行う必要がある。

中国において，先使用権保護を目的とした公証手続はまだ実績が少ないようであるが，公証制度自体は市民生活で一般的に活用されているため，先使用権の立証のためにも公証手続を活用することが有効である。

4 ライセンス戦略

中国におけるライセンス契約の留意点

第3章「ライセンス関連法規」で述べたように，日本企業が中国企業とライセンス契約する際に適用される法規は，国内契約の場合と渉外契約の場合で異なる。すなわち，日本企業の独資の中国法人が他の中国法人との間で（サブ）ライセンス契約する場合，このライセンス契約は中国国内契約であるため契約法が適用される。これに対して，日本企業が直接中国法人とライセンス契約する場合（以下，「渉外契約」）は，対外貿易となるため，契約における準拠法に外国法を規定していたとしても，契約が中国で実施される場合には強行法規的性格を有する技術輸出入管理条例が適用されると解される。

このように，外国企業が中国企業と直接ライセンス契約を行う渉外契約の場合には，技術輸出入管理条例が適用され得るが，技術輸出入管理条例には欧米法とは異なる独自の条項が含まれているため，外国企業にとっては落とし穴になることがある。以下に，中国のライセンス規制の主な条項について，特に注意すべき点を中心について概説する。

(1) 契約の登録

特許ライセンス契約については，契約の効力が発生した日から3か月以内に国務院特許行政部門に届け出なければならない（特許法実施細則14条2項）とされている。ライセンス契約の登録は効力発生要件ではないが，特許を出願する権利や特許権の渉外移転を特許局に登録する際や，契約に伴う送金や通関の際に，ライセンス契約が登録されていることが必要とされる（技術輸出入管理条例20条及び42条）。

(2) 技術の適法な権利者であることの保証責任

技術輸出入管理条例24条には，「技術輸入契約のライセンサーは，自分が提供した技術の適法な所有者であり，又は譲渡，使用許諾をする権利を有する者であることを保証しなければならない」と規定されている。

この規定は，ライセンサーがライセンス技術の適法な権利者であることを保証するものであり，日米欧のライセン契約においても一般的に保証される事項である。ライセンサーがライセンス技術の適法な権利者でない場合は，日本の民法では信義則に反する契約として無効となる可能性が高い。

　ここで，対象技術が複数の権利者の共有である場合，譲渡または使用許諾につき他の共有者の同意が必要となる場合がある。中国の特許法では，共有の特許権については，契約で規定されない限り，共有者の一方は他の共有者の承諾なく当該共有の特許権について単独で実施許諾することができる旨定められている（特許法15条1項）。したがって，共有の特許権の実施許諾について契約で特段規定していない場合は，他の共有者の同意がなくても「適法な権利者」といえるだろうが，同意が必要な旨の契約がある場合は，他の共有者の同意を取得済みでなければ，「適法な権利者」の条件を満たさず，技術輸出入管理条例第24条1項に基づく保証責任を果たしていないことになる。

(3) 第三者権利の不侵害保証責任
　中国企業と渉外契約により直接ライセンス契約を締結する場合に最も注意しなければならないのが，第三者権利の不侵害についてライセンサーの保証責任である。
　日本及び欧米の国際ライセン契約では，ライセンサーの保証責任は，民法等の一般原則に反しない限り基本的には契約で自由に取り決めることができる。特に，ライセンサーがライセンス技術の実施が第三者の権利を侵害しないことまで保証することはライセンサーにとって過大な保証義務となるため，一般的には，ライセンサーはライセンス技術が第三者の権利を侵害しないことを保証しない旨の免責条項を規定することが多い。中国においても国内取引に適用される契約法353条には，「ライセンシーが契約の約定に従って特許を実施し，ノウハウを使用した結果，他人の合法的な権益を侵害した場合，その責任はライセンサーが負う。但し当事者は別段の取決めがある場合はこの限りではない」と規定されており，但し書きにおいて，第三者権利の不侵

害についてのライセンサーの保証責任は任意に規定することができ，免責条項を規定することを認めている。

これに対して，外国の法人から中国の法人にライセンス契約する場合には，渉外契約となるため，「技術輸出入管理条例」が適用される。「技術輸出入管理条例」24条2項には，「技術輸出入契約のライセンシーが契約の約定に従ってライセンサーの技術を使用した結果，第三者に権利侵害で告訴された場合，直ちにライセンサーに通知しなければならない。ライセンサーは通知を受けた後，ライセンシーと協力し，ライセンシーが受ける不利益を排除しなければならない」と規定され，同条3項には，「技術輸出入契約のライセンシーが契約に従ってライセンサーが提供した技術を使用した結果，他人の合法的権益を侵害する場合，その責任はライセンサーが負う」と規定されている。

そこで，契約法353条の但し書きの規定が外国法人から中国法人への渉外契約にも適用されるかが問題となるが，司法解釈は存在せず，また主務官庁である商務部の公式解釈もない。しかしながら，「技術輸出入管理条例」は強硬法規的性格を有することから，同条例24条に定めたライセンサーの保証責任は当事者の契約により免除することができない厳格な責任であると解すべきであろう。

ただし，「技術輸出入管理条例」24条に定めたライセンサーの保証義務は絶対的なものではなく，合理的な理由があれば制限条項を加えることが可能である。例えば，ライセンス契約の地域範囲から「第三者の特許権を侵害する恐れのある地域」を除外することは契約範囲の合理的制限と見なされるので，このような規定を設けることライセンサーの保証責任は軽減することができる[24]。同様に，技術が使用される製品の種類，用途等を限定することにより，限定された範囲外の仕様の場合には免責されることが可能となる。また，対象技術の使用条件，原材料や部品に関する合法的な制限条件を規定することにより，これらの条件外で技術が使用されたときに免責される可能性

---

24 ジェトロ北京センター知的財産部編「中国におけるライセンス規制調査」2007年，140頁。

第4章 「中国型イノベーションシステム」を攻略する戦略

がある。

また，同条例24条3項は賠償責任の範囲については規定されていないから，民法通則112条2項及び契約法114条1項の「違約金又は損害賠償の計算方法を予め約定する」ことが認められると解され，これらの法規定を根拠に，賠償責任の範囲を限定しておくことが考えられる。例えば，弁護士費用を含めない，受領済みライセンス料の金額に限定するなどの措置が考えられる[25]。

さらに，ライセンサーはライセンサーによる技術の提供と第三者の権利の侵害との間に因果関係がない場合には保証責任の免責を主張し得る。例えば，ライセンサーの仕様決定等に起因して第三者の権利を侵害した場合，ライセンシーがライセンサーの提供した技術を改変したことに起因して第三者の権利を侵害した場合，ライセンシーがライセンサーの提供した技術を他の技術と組み合わせたことに起因して第三者の権利を侵害した場合などについては，保証義務の免責が主張できる[26]。

以上のように，日本企業が中国企業と渉外契約により直接ライセンス契約を締結する場合において，第三者の権利を侵害した場合の補償をライセンサーが負う危険があるため，1) 中国国内の自社がコントロールできる独資法人などに一旦ライセンス契約をした後に国内契約により，中国企業にライセンスするか，または2) 上記で述べた地域，損害賠償の範囲等の制限，条件を盛り込むことにより軽減措置を盛り込むことを検討すべきである。

＜富士化水事件＞

本規定に関連して実際に起きた事件としては，富士化水工業株式会社が中国の華陽電業有限公司に供与した海水脱硫装置の実施が武漢晶源環境工程有限公司の特許権を侵害したかどうかについて争われた富士化水事件がある。この事件は，日本の富士化水工業株式会社（以下，「富士化水」）が中国の華陽電業有限公司（以下，「華陽」）に対して，2台の排煙脱硫技術を提供した

---

25 同上。
26 新出篤弘・林田純也『アジア四カ国の知財契約』発明協会，2010年，45頁。

ところ，武漢晶源環境工程有限公司（以下，「晶源」）から特許権侵害であるとして訴えられた事件である。

第一審の福建省高級人民法院（以下，「高級人民法院」）は，富士化水のみに対して，5061.24万人民元（約6.8億円）を賠償するよう命じた。これは，富士化水と華陽との間の契約に「富士化水の提供した装置において使用されている設計が他人の権利を侵害することでもたらされた損失は，富士化水が賠償するものとし，華陽は如何なる賠償も免れる」という瑕疵担保責任条項が設けられており，高級人民法院は，これを根拠として，「本件の権利侵害賠償民事責任は，富士化水が負わなければならない」と判断した。

これに対して，最高人民法院は，富士化水と華陽の共同不法行為を認定して，共同で5061.24万人民元を賠償するよう命じた。最高人民法院の判決では，「連帯責任の負担については，華陽が富士化水と締結した契約に基づいて華陽が富士化水に追償権を行使することを妨げない」と判示している[27]。

高級人民法院判決及び最高人民法院判決の判断には様々に問題が指摘されているが，上述のとおり，中国の輸出入管理条例24条にはライセンサーがライセンス技術の実施により第三者権利を侵害しないことを保証する保証責任が規定されているため，日本企業は，中国企業に技術を供与し，かつその中国企業による当該技術の実施を補助した場合には，供与した技術が第三者の中国特許を侵害するものであったときは，技術供与によって得た利益の額を，特許権者が被った損害額として，賠償しなければならないことがあることを十分に認識しておかなければならない。

(4) 技術目標の達成に関する保証責任

「技術輸出入管理条例」25条には，「技術輸入契約のライセンサーは，提供した技術が完全で，誤りなく，且つ有効的であり，契約した技術目標を達成することができることを保証しなければならない」と規定されており，ライセンサーの提供した技術の完全性の保証が定められている。

---

[27] 最高人民法院判決，2009年12月21日。

また,「契約法」349条には,「技術輸入契約のライセンサーは,自分が提供した技術の適法な所有者であることを保証し,且つその提供した技術が完全で,誤りなく,有効的であり,約定した技術目標を達成できることを保証しなければならない」と規定されており,「技術輸出入管理条例」第25条と同様の趣旨のことが定められている。

したがって,国内契約か外国法人から中国法人への渉外契約かを問わず,ライセンサーは提供技術の完全性,無誤謬性,有効性と目標達成を保証しなければならない。

ライセンサーとしては,ライセンシーの技術目標の達成を保証することで過度の責任が負うことのないように,目標達成のための条件,例えば,原材料,設備,その他の実施環境の整備等を具体的かつ明確に取り決めておく必要がある。また,ライセンサーの提供した技術が完全かつ有効であるかどうかの問題について将来疑義が生じないように判断基準を明確に定めておくことも重要である。

技術輸出入管理条例は,ライセンサーに,ライセンシーが生産する製品の品質の保証まで求めているわけではない。したがって,ライセンサーとしては,技術目標の判断基準や条件を明確にすることによって,ライセンサーが製品を生産した時点で保証責任が履行されたことになる[28]。

(5) 改良技術の帰属 (「改良技術のコントロール」143〜147頁参照)

「技術輸出入管理条例」27条には「技術輸入契約の有効期間内に,改良した技術は改良した側に帰属する」と規定され,契約法354条には,「当事者は互恵の原則に基づき,技術譲渡契約において,特許の実施とノウハウの使用に当たり改良した技術成果の享有方法を取り決めることができる。取決めがない又は取決めが不明確な場合,本法61条の規定によってもなお確定できない場合は,一方の当事者による改良の技術成果につき,ほかの当事者はこれを享有する権利はない」と規定されている。

---

[28] 新出・林田,前掲書,44頁。

すなわち，渉外契約の場合，「技術輸出入管理条例」27条が適用され，改良した技術は改良した側に帰属することになる。これは明らかに中国政府による中国国内当事者の利益の保護を目的としたものである。
　したがって，実際の渉外契約であるライセンス契約について，改良技術はライセンサーに帰属すると規定したとしても，この改良技術がライセンシーが独自になし遂げた改良技術である場合，このような規定は「技術輸出入管理条例」27条に違反するとの理由で，その効力が否定されることになる。さらに，ライセンシーが独自になした改良技術につき，改良技術はライセンシーに帰属すると定めるとともに，当該改良技術に係わる権利の全部または一部の持分を無償でライセンサーに譲渡すると定めることも，「技術輸出入管理条例」27条の規定が基づく公平の原則の趣旨からして，同27条に違反するものと解される可能性が高い。
　また，対外貿易法30条には「知的財産権の権利者に，ライセンシーがライセンス契約中の知的財産権の有効性に疑義を呈することを阻止し，強制的包括ライセンスを行い，ライセンス契約の中で排他的グラントバック条件を定める等の行為があり，かつ対外貿易の公平な競争秩序を脅かす場合，国務院対外貿易主管部門は，その被害を除去するために必要な措置を講じることができる」と規定されている。したがって，渉外契約の場合，ライセンシーが独自になした改良技術につき，無償でも有償でもライセンサーに独占的にライセンス（グラントバック）することを義務付けることも，効力が否定される。また，同規定の趣旨からして，有償であってもライセンサーに譲渡させることは無効となる可能性があると解すべきであろう。
　次に，国内契約の場合，上述のように，契約法354条には「当事者は互恵の原則に基づき，技術移転契約において，専利の実施とノウハウの使用に当たり改良した技術成果の享有方法を取決めることができる。」と規定され，また，契約法363条には，「技術コンサルティング契約，技術役務契約の履行過程中，受託者が委託者の提供した技術資料及び作業条件を利用して完成させた新しい技術成果は，委託者に帰属する。当事者が別段の約定をする場合，その約定に従う」と規定され，原則として，改良技術は当事者間の合意

により定めることができるように見える。

ただし，最高人民法院の司法解釈である「技術契約紛争案件審理への法律適用の若干問題に関する解釈」10条1号には，独自開発した改良技術を「無償にて相手側当事者に提供し，互恵に反して相手側に譲渡し，改良技術に関わる知的財産を無償にて独占し共有すること」と規定されており，無償のアサインバック及び無償で共有することは，当事者間で規定したとしても無効となる可能性が高い。逆に，国内契約の場合に，有償により改良技術をライセンサーにアサインバックすること，又は独占的にグラントバックすることは許される可能性がある。

(6) 技術の改良制限の禁止

「技術輸出入管理条例」29条には「技術輸入契約には以下に掲げる制限的条項を含めてはならない。(1)譲受人に技術輸入に必須ではない付帯条件を求めること。必須ではない技術，原材料，製品，設備又はサービスの購入を含む。(2)譲受人に特許権の有効期間が満了し又は特許権が無効宣告された技術について許可使用料の支払い又は関連義務の履行を求めること。(3)譲受人が譲渡人に提供された技術を改良し，又は改良した技術の使用を制限すること」と規定されている。

また，契約法329条には，「違法にして技術を独占し，技術の進歩を妨害し又は他人の成果を侵害する技術契約は無効である。」と規定され，司法解釈第10条第(1)項には，「以下の情状は契約法329条に定めた「違法にして技術を独占し，技術の進歩を妨害する」ことに該当する。(1)一方の当事者が契約の目的技術の基礎の上で新しい研究開発を行うことを制限し，又はその改良技術の使用を制限し，或は当事者双方の改良技術の交換条件が対等ではなく，これには一方の当事者に対し，その自主的に改良した技術を無償にて相手側当事者に提供し，互恵に反して相手側に譲渡し，改良技術に関わる知的財産を無償にて独占しまたは共有することを要求することを含む」と規定されている。

したがって，国内契約及び渉外契約ともに，ライセンシーによる改良技術

を制限する契約の規定は違法となる。

(7) 不争義務

ライセンス技術に係る知的財産権の有効性について争うことを禁ずる不争義務については，契約法及び技術輸出入管理条例には規定がない。

最高人民法院の 2004 年 12 月 16 日公布の「技術契約紛争事件の審理に法律を適用する若干の問題に関する解釈」10 条 6 号には，「技術受領者側が契約の目的とする技術の知的財産権について，有効性に対して異議を提出することを禁止又は異議の提出について条件を付すことは，契約法 329 条に定める不法な技術独占，技術進歩の妨害に該当する」と規定され，契約法 329 条には「違法にして技術を独占し，技術の進歩を妨害し又は他人の技術成果を侵害する技術契約は無効である」と規定されているから，渉外ライセンス契約において不争義務を課すことは無効となる。ただし，この場合，契約全体が無効になるのではなく，当該条項のみが無効となる（契約法 56 条）。

また，2014 年 6 月に公表された前述の「規定」の 10 条には次のように定められている。「市場支配的地位を有する事業者は，正当な理由がない限り，知的財産権行使の過程において，次に掲げる不合理な制限条件を付帯した行為を行ってはならない。(一)取引の相手方に，その改善した技術の独占的グラントバックを要求すること (二)取引の相手方がその知的財産権の有効性について疑義を質すことを禁止すること (三)許諾協定の期間が満了した後に，取引の相手方が，知的財産権を侵害しない状況において，競合商品の製造，使用，販売又は競合技術の研究開発，使用を制限すること (四)取引の相手方に，保護期間がすでに満了又は無効と認定された知的財産権について，引き続き費用を支払うよう要求すること (五)取引の相手方が第三者と取引することを禁止すること (六)取引の相手方に，その他の不合理な制限条件を付帯するよう要求すること」

この「規定」の第 10 条の上記(一)，(三)〜(六)については日本のガイドライン等と比較して大きく異なることはない。上記(二)のライセンス技術に係る知的財産権の有効性について不争義務を課すことを禁止することを明記

第4章 「中国型イノベーションシステム」を攻略する戦略

している。これは上記最高人民院の司法解釈を確認し，不争義務が無効であることをガイドラインとして明確化しようとしたものといえる。

したがって，中国では不争義務を課すことは国内ライセンス契約も渉外契約と同様に無効であると解される。ライセンサーはライセンス契約の相手方であるライセンシーから無効審判等によって特許の有効性が争われる可能性があることを覚悟しておく必要がある。

(8) 輸出制限

「技術輸出入管理条例」29条(6)号及び(7)号には，「技術輸入契約には以下に掲げる制限的条項を含めてはならない。(6)譲受人に製品の生産高，品種又は販売価格を不合理に制限すること。(7)譲受人に輸入した技術を駆使し，生産した製品の輸出ルートを不合理に制限すること。」と規定されている。

同条(6)号及び(7)号は，ライセンサーのライセンス技術の実施に係わるライセンシーの製品生産と販売（輸出を含む）について制限することを原則禁止しているが，合理的な理由があるときは制限条件を付けることを認めている。

輸出を含む販売地域の制限については司法解釈がないが，国務院法制弁公室は「中華人民共和国技術輸出入管理条例問答」において次のような見解を示している。

「特許実施許諾には，独占実施許諾，排他実施許諾があり，これらは一定の地域内で契約有効期間中，ライセンシーは技術を独占的に実施できるものであり，ライセンサーは同一の特許技術について同一の地域と期間内で第三者に実施許諾することができないものである。多くの状況の下で，その他の地域の範囲は，ライセンサーが生産した製品の市場となるものであって，当該特許技術を実施許諾した後，ライセンシーが許諾技術を利用して生産した製品が自己の既に有する市場に輸入されるのを望まず，ライセンシーが許諾技術を利用して生産した製品の輸出ルートを適切に制限しようとするのは，合理的である」

この見解によれば，ライセンス製品の輸出を合理的に制限することは可能であり，次のような販売地域の制限は合理性があると認められる可能性が高い[29]。
①第三者に独占実施権を付与している国・地域
②第三者に排他実施権を付与している国・地域
③第三者に独占的販売代理権を付与している国・地域
④ライセンサー自身が当該製品を自ら製造している国・地域
⑤ライセンサー自身が既に恒常的な販売を行っている国・地域
⑥第三者の特許権が存在することが明らかな国・地域

(9) 秘密保持義務
　ライセンス契約の対象となる技術に秘密技術（ノウハウ）が含まれる場合や，ライセンス契約に付随して秘密情報が相手方に提供される場合には，ライセン契約中に秘密保持義務とこれに違反した場合の違約金等を規定する。また，違反行為がないかどうか，相手方に立ち入り調査できる権利と相手方のこれに対する協力義務を明記することが重要である。さらに，立ち入り調査の予告，次期，時間帯，費用等についても具体的に規定することが望まれる。
　中国では，技術契約に伴う技術流出の紛争が多発しており，第3章「営業秘密の保護」で述べたように，反不正競争法10条に規定される「営業秘密」として保護されるように，秘密保持義務はライセンス契約中で規定するだけでなく，別途，秘密保持契約として詳細に規定しておく必要がある。秘密保持契約には，秘密を保持する必要性の程度に応じて提供技術を区分し，これに対応してライセンシー講ずべき秘密保持措置の内容，例えば，秘密情報の媒体に対し施錠などの措置が取られていること，秘密情報の媒体に秘密保持表示が存在すること，秘密情報にパスワードまたはコードが存在すること，秘密情報を含む機械，工場，現場への訪問が制限されていることなどを

---

[29] ジェトロ北京センター知的財産部編「中国におけるライセンス規制調査」2007年，15～16頁。

具体的に規定し，従業員に対する教育，従業員や関係者に対し講ずべき義務を詳細に規定することが望まれる。

また，契約締結後は，秘密保持義務の履行状況についてモニタリングを行うことが重要である。具体的には，移転した秘密技術が相手先企業やその下請け企業から流出していないかのチェックを行うことが必要である。

(10) 解除条項

中国では，企業の買収，合併等が増加しているため，ライセンシーである中国企業が外資系企業などの競業企業に吸収合併される可能性があり得る。その場合，意図せずして，供与技術が競業企業に流出されることになる。したがって，解除条項として，ライセンシーが倒産した場合，ライセンシーのライセンス技術を含む事業が第三者に譲渡された場合や，ライセンシーが吸収合併された場合には，ライセンサーは契約を解除できる旨規定しておくことが望まれる。

なお，日本の特許法94条では，通常実施権は実施の事業とともに移転するときは移転することができる旨規定されており，事業の移転とともに通常実施権も移転される旨規定されているが，中国ではこれに相当する規定はない。

中国の法制上，上記解除条項が有効であるかは判然としない部分があるが，特別な規制が見当たらないため，解除権の留保を規定しておくことは必要と思われる[30]。

(11) 商標ライセンス契約におけるライセンサーの保証責任

商標ライセンス契約の場合，技術輸出入管理条例が適用されることはないため，国内契約と渉外契約において異なる取り扱いになることはないといえる。

商標ライセンス契約におけるライセンサーの保証義務については，中国商

30　新出・林田，前掲書，55頁。

標法40条1項には「商標権者は商標ライセンス契約を締結することを通じて他人にその登録商標の使用を許諾することができる。ライセンサーは，ライセンシーがその登録商標を使用する商品の品質を監督しなければならない。ライセンシーは，登録商標の商品品質を保証しなければならない。」と規定されている。

また，商標法40条2項には，「他人の登録商標の使用を許諾されている場合，必ずその登録商標を使用する商品上にライセンシーの名称と商品の産地を記載しなければならない」と規定している。

これらの規定によれば，原則として，ライセンシーがライセンスされたその商品の品質について監督責任を負うことになるが，ライセンサーが負う監督責任とは，具体的にどのようなものだろうか。この点について，最高人民法院の司法解釈である「製品不法行為案件の被害者が製品の商標所有者を被告として民事訴訟を提起することができるか否かに関する回答」(2002年7月4日最高人民法院審判委員会法釈［2002］22号）には，「自己の氏名，名称，商標又はその他識別可能な標識を製品上に体現させ，自己が製品製造者であると表示された企業または個人は，民法通則122条所定の製品製造者及び製品品質法所定の生産者に該当する」としている。

この司法解釈のもとになった事案は，GMの商標を有する「シボレー」車の車軸に問題があったために発生した事故により，乗車していた中国人2人が死亡し，3人が負傷したというものであった。米国GMは，事故車両は米国GMが製造したものではなく，ブラジルのGM子会社が製造したものであるため，米国GMは被告としての適格を有しないと主張したが，上記司法解釈は，車両に米国GMが許諾した商標が表示されていたことにより，米国GMが製造したものでなくても製造物責任の責任主体となる旨を認めたものである[31]。

上記司法解釈からすると，商標権者の保証責任は製造物責任も含むことになり，非常に重い責任を負うことになり要注意である。商標権者が製造物責

---

31 藤本，前掲論文。

第 4 章 「中国型イノベーションシステム」を攻略する戦略

任も負うという中国の司法解釈においては，商標権者がコントロールできない中国法人に商標のライセンスをすることは非常にリスクの高い行為であると言わざるを得ない。

改良技術のコントロール

　ライセンス戦略において，重要な位置を占めるのは，改良技術についての権利をいかにコントロールするかである。改良技術には，(1)ライセンスの対象とする技術をライセンサー自らが改良した場合と，(2)ライセンス技術をベースにライセンシーが改良を行った場合とがある。
(1) ライセンサーの改良技術
　ライセンサーとしては，ライセンス技術を次々と改良を行うことによって，新製品を市場に送り込み，そのたびにライセンス料を獲得したいところである。典型的には，Windows などのソフトウェアのバージョンアップなどに見られる戦略である。この場合，ライセンシーとしてはすでにライセンスされた技術に改良技術が含まれるとすれば，当然に従前の契約によってライセンスされていると主張できるため，ライセンサーとしてはライセンス対象技術を厳密に定義することによって，将来行われる改良技術との差異が明確になるように規定しておくことが必要とされる。中国の技術輸出入管理条例には，「技術輸入契約の有効期間内に，改良した技術は改良した側に帰属する」(27条)と規定されているとおり，ライセンサーが行った改良技術はライセンサーに帰属されることになり，その改良技術について，別途ライセンス契約が必要とされることとすることは何ら問題ない。したがって，ライセンサーとしては，将来ライセンサーが行った改良技術について，協議によって，ライセンス料等の条件を含め，別途，契約を締結することを盛り込んでおくべきであろう。
　ライセンサーとしては，ライセンサーが開発したライセンス技術について，ライセンサーの主導で改良技術を開発し，市場シェアの拡大を行っていきたい。そのためには，技術のインターフェース部のみを公開し，基幹技術およびインターフェース部の一部についてはブラックボックス化し，決して公開

143

することなく，インターフェースの改版権を確保する戦略が有効である。

例えば，1990年代においてシスコシステム社がインターネットワーキングOS（IOS）のインターフェース部だけをオープン化し，内部を完全にブラックボックス化することにより，改版権を独占的に確保した。シスコ社は，IOSが組み込まれて接続性が保証されたインターネット機器の販売権を世界中にライセンスし，ルーター・IOSのインターフェースと動作方法に関する技術情報をランセンシーに公開したため，販売ライセンスを受けた企業はシスコ社が接続を保証する環境をそのままユーザーへ納入できるようになり，IOSが組み込まれたルーターが世界市場に急速に普及したのである[32]。

また，コア技術をブラックボックス化し，製造プロセスのノウハウを公開することにより，市場シェアを拡大する手法を日本企業が行った例として，三菱化学の記録型DVDが挙げられる。三菱化学は，記録型DVDディスク媒体の基幹材料であり最も付加価値の高いAZO色素とスタンパーをブラックボックス化し，これをフル・ターンキーソリューション型の製造プラットフォームとして，台湾企業に提供した。この製造プラットフォームはDVDディスクの製造工程の製造ノウハウとともに提供されたが，その際，三菱化学のアゾ色素やスタンパーを使わないと機能しないようになっていた。台湾企業が他企業の色素やスタンパーを使用する場合には，各製造工程をすべて見直さなければならない仕組みとなっていた。このように，公開した製造技術の中にブラックス化した自社技術を刷り込むことにより，製造工程を支配することが可能となり，世界市場でのシェアを優位に拡大することができたのである[33]。

このようなオープン＆クローズ戦略は，日本企業が中国企業とのライセンスによって中国市場におけるシェアを拡大する際の戦略として，ますます重要になってくるものと思われる。その際に，ライセンス契約において，対象技術を明確化するとともに，ライセンサーが改良した技術の取り扱いについても明確に規定しておくことが必要とされる。

32　小川紘一『国際標準化戦略』白桃書房，2009年，352頁。
33　小川，前掲『オープン＆クローズド戦略』，244〜252頁。

（2）ライセンシーの改良技術

次に，問題となるのは，ライセンシー側が行った改良技術についてである。日本企業が中国企業にライセンスした技術がライセンシーである中国企業によって改良され，日本企業と世界市場において競合関係となった例としては，高速鉄道技術が挙げられる。中国の国有車両大手の中国南車は，日本メーカーから供与された技術を改良した高速列車を欧州マケドニアに輸出する契約を締結した。また，中国国有鉄道車両メーカー・中国北社グループは，日本企業を含むライバル企業を退けて，マサチューセッツ州ボストン地下鉄システムの競争入札で，284車両の受注に成功している。

以上のように，日本企業が技術支援し中国企業にライセンス供与した技術が中国企業によって改良され，世界市場において日本企業を脅かす存在となっている。もちろん，技術は一旦供与された以上，これをベースにライセンシーがさらに改良を重ねることは自由であるし，技術進歩の観点からも好ましいことではある。しかしながら，多額の開発資金，人材及び時間を投入して開発した技術をライセンスすることによって，かえって市場を奪われてしまうような事態は避けなければならない。そこで，ライセンス契約において改良技術に対するライセンサーの権利をいかに確保するかが重要となる。

前述したように，中国におけるライセンス契約では，日本企業から中国企業に渉外契約する場合（渉外契約）と日本企業から一旦中国にある日本企業の支配する中国法人にライセンス契約し，その中国法人から実際に使用する中国企業にサブライセンス契約する場合（国内契約）とで，適用される法律が異なる。渉外契約の場合には，対外貿易となるため，技術輸出管理条例及び貿易法が適用される。これに対して，国内契約の場合には，中国法が適用され，特許等知的財産ライセンス契約の場合，契約法第18章の「技術契約」の章が適用される。

＜渉外契約＞

渉外契約の場合，「技術輸出管理条例」27条には「改良した技術は改良した側に帰属する」と規定されている。これは明らかに中国政府による中国国内当事者の利益の保護を目的としたものである。また，対外貿易法30条に

は「知的財産権の権利者に，ライセンシーがライセンス契約中の知的財産権の有効性に疑義を呈することを阻止し，強制的包括ライセンスを行い，ライセンス契約の中で排他的グラントバック条件を定める等の行為があり，かつ対外貿易の公平な競争秩序を脅かす場合，国務院対外貿易主管部門は，その被害を除去するために必要な措置を講じることができる。」と規定されている。また，最高人民法院の司法解釈である「技術契約紛争案件審理への法律適用の若干問題に関する解釈」10条1号には，独自開発した改良技術を「無償にて相手側当事者に提供し，互恵に反して相手側に譲渡し，改良技術に関わる知的財産を無償にて独占し共有すること」が禁じられている。

以上からすると，ライセンサーである日本企業にとって，ライセンシーである中国企業がライセンス技術を基に改良した技術をライセンサーに排他的グラントバック，アサインバックすることは禁じられている。しかしながら，有償であれば，一旦ライセンシーに帰属された技術を譲渡または共有とすることは許される余地があるといえそうである。厳密には，この点はグレーであるが，少なくともライセンス契約においては，ライセンシーが改良した技術について，ライセンサーは対価を支払うことにより，共有することができる等の規定をしておくことが望ましい。これにより，ライセンシーが単独で特許出願を行うことを防ぎ，またライセンシーが改良技術をライセンスした際にはライセンス料を受け取る権利を得る可能性がある。

また，後で述べるように，特許ライセンスではなくノウハウライセンスとすることにより，改良技術のライセンシーによる特許出願等を防止する措置も考えられる。

＜国内契約＞

次に，国内契約の場合，契約法354条には「当事者は互恵の原則に基づき，技術移転契約において，専利の実施とノウハウの使用に当たり改良した技術成果の享有方法を取決めることができる」と規定され，最高人民法院の司法解釈である「技術契約紛争案件審理への法律適用の若干問題に関する解釈」10条1号には，独自開発した改良技術を「無償にて相手側当事者に提供し，互恵に反して相手側に譲渡し，改良技術に関わる知的財産を無償にて独占し

共有すること」が禁じられている。

したがって，国内契約の場合には，有償により改良技術をライセンサーにアサインバックすること，又は独占的にグラントバックすることは許されているといえる。契約書の文面としては次のようなものが考えられる。

「改良技術についてライセンサーから譲渡の要望があった場合，ライセンシーに帰属することとなる権利の全てをライセンサーに譲渡する。ただし，譲渡価格については，同種技術の市場価格及び改良技術のコスト，専門家の評価に基づき決定する」[34]。

また，国内契約の場合は改良技術を共有とすることも可能である。その際，共有の改良技術の第三者への許諾について共有の相手方の承諾の要否については，契約で規定することができるから（特許法15条），契約で相手方の承諾が必要な旨規定することにより第三者への一方的な技術流出を防止することができる。なお，規定しない場合，通常実施権については他の共有者の承諾を必要としないから（特許法15条），改良技術によるライセンス技術の拡散を招く危険性がある。

クロスライセンス

中国への技術流出の一因として，クロスライセンスによる技術取得が挙げられる。前述のように，中国では，特許，意匠，実用新案の出願件数が年間205万件にも上る。なかでも，実用新案は実質上無審査であるから，出願後，半年〜1年で自動的に権利化される。問題は，権利化された実用新案等に基づき，日本企業の製品について，警告状などにより侵害を主張されるケースが増加する可能性があることである。この場合，日本企業は，裁判やロイヤルティの支払いを避けるために，クロスライセンスにより和解を図ることがある。クロスライセンスは，日本においては，お互いに相手方の特許の侵害を恐れずに事業展開する手法として，古くから慣行的に行われていた。

しかしながら，中国企業の場合，初めから日本企業の技術を取得する目的

---

34 ジェトロ編「中国における知的財産関連共同研究の留意点に関するQ&A」2013年12月，32頁。

で，係争を働きかけてくる場合も多いという[35]。係争の解決策となると，どうしても弱みがあるために，同じクロスライセンスであっても，条件等が甘くなりがちである。したがって，中国企業とクロスライセンス契約する際には，本当に価値がある契約かどうか，条件に死角はないか等の入念な検討が必要である。

また，実用新案制度を利用した防御方法も考慮に値する。中国の実用新案は上述のように，実質上無審査であり迅速に権利を取得することができる。中国企業により係争を持ち込まれた場合に，実用新案を多数取得しておけば，本当に重要な特許を供与することなく，クロスライセンスの材料とすることができる可能性がある。

ノウハウライセンス

例えば，上述したように，海外から中国企業に渉外契約を行う場合，改良技術の帰属は改良者にあり，かつ有償であっても改良技術をライセンサーに譲渡させることはグレーであるため，ライセンス技術の拡散を防止することが極めて困難となる。そこで，渉外契約する場合には，中核的な技術については秘匿化しておき，ノウハウとしてライセンスすることが考えられる。ノウハウライセンスであれば，守秘義務を課すことにより，実質的に改良技術の特許出願等を防ぐことができる。契約の文面としては，次のようなものが考えられる。

「ライセンサーにて，改良技術の基となる技術情報が，従前どおり秘密として保持されうる限り，ライセンシーは当該改良技術も秘密として保持しなければならず，特許出願または他の方式により公開してはならない。」

ただし，ノウハウの秘匿化には，コストがかかるとともに，特に中国においては秘密技術が流出する危険性が高いために，厳格な管理が必要である。一般に，特許出願するか，ノウハウとして秘匿化するかの判断に当たっては，①リバースエンジニアリング等により第三者が取得できるものか，②第三者

---

[35] 依久井，前掲書，130～132頁。

が先に特許出願する可能性があるか，③ノウハウとして管理するコストに見合うものか，④方法特許であるかどうか等を留意して，慎重に決めなければならない。

　ノウハウライセンス契約において秘密情報の流出防止を徹底するためには，ライセンス契約とは別に，秘密保持義務についての具体的な管理義務を定めた秘密保持契約を併せて締結することが望ましい。中国において，秘密保持に関する契約違反に対する保護の要件は反不正競争法により規定されている。同10条には，営業秘密として保護されるための要件として，公知でないこと，権利者に利益をもたらすことができ，実用性を備えていること，権利者が秘密保持措置を講じていること，技術情報及び経済情報に関する情報であること，を規定している。したがって，法律上の保護を受けるためには，秘密性を維持するための具体的管理措置を講ずることが必要であり，以下の点についてライセンシーの管理義務を規定するとよい[36]。

① 秘密情報を受ける側に対して秘密情報の管理体制を徹底する。具体的には，管理体制マニュアルの作成，管理責任者の特定，当該情報にアクセスできる者の特定及び制限，社外持出し禁止の徹底，社内におけるセッキュリティ対応，当該情報の伝達又は送付方法に徹底，社員，退職者に対する誓約書の提出等である。

② 技術提供者の監査権限

③ 当該管理体制の無断変更の禁止

④ 違約金又は損害賠償請求

⑤ 対象の秘密情報の詳細な特定

⑥ 秘密情報にアクセスできる対象者の範囲

---

[36] 新出・林田，前掲書，53頁。

まとめ

「中国型イノベーションシステム」が働いている中国市場を攻略するためのビジネス戦略として，プラットフォームの提供を提案する。プラットフォームは大きく分けて，基幹部品型と共通部品型がある。プラットフォームの内部は，ブラックボックス化を図ることができるため，プラットフォーム内部を擦り合わせ型で開発し，外部をモジュラー化してモジュラー型産業構造を有する中国のバリューチェーン，または中国市場に提供することが可能である。また，プラットフォームの開発とその周囲技術あるいは完成品の開発を分業体制で行うことができ，例えば，中国企業による倹約的イノベーションを利用することが可能である。

プラットフォームの提供に当たっては知財マネジメントが重要である。プラットフォームの内部は基本的に競争力の源泉となるコア技術であり，開発過程におけるすべての技術情報，知的財産は徹底的に技術流出しないように秘匿化することが求められる。その上で，プラットフォームが最終製品のサプライチェーンにさらされる国においては，特許出願することを検討すべきである。また，特許出願しなくても，技術が流出されにくい，秘匿化が可能なものについては特許出願せずに，徹底的にブラックボックス化を図るべきである。これに対して，インターフェース部はオープン化により普及を図る。この際，ライセンス条件によって，オープン化の度合いを決めることができるからである。インターフェース部の場合は，基本的には，ライセンス料はフリーとするか低く設定するかして，普及スピードを高めることが重視されるべきであろう。

中国に合弁会社を設立する場合には，技術流出を防ぎ自社の権利確保するための規定を合弁契約において明確に定めておくことが重要である。合弁会社の設立の際には，知的財産権保護の観点から，相手側に，合弁事業のため必要な範囲を超えて技術を取得されないか，合弁会社から秘密技術が流出しないかについて，配慮することが必要である。合弁契約の終了については，

技術の使用権の終了，製品の生産・販売の即時中止，技術資料の返還や製造設備などの廃棄，製造された製品，半製品，部品等の廃棄または返還等について規定する必要がある。

中国において100％独資の研究開発拠点を設立するには，「外商投資研究開発センターの設立に関する問題についての通知」に従って，審査許可機関に設立申請書類を提出する必要がある。研究開発成果を全て自社に帰属させるためには，設立申請書類に，研究開発成果を全て自社に帰属する旨記載する必要がある。また，共同研究開発及び委託研究開発において，研究開発成果を全て自社に帰属させることは，それぞれ契約で明記することにより可能である。

「中国型イノベーションシステム」は，他国の技術，情報を合法的，非合法的にさまざまな手法によって入手するシステムでもあるともいえる。したがって，中国市場においては，とりわけ，技術流出の防止が配慮されなければならない。技術流出は大きく分けて，①技術ライセンスや技術援助に係る技術流出，②海外生産の開始・拡大に伴う技術流出，③製造に必要な部材や材料に化体された技術流出，④製造に必要な機械や設備に化体された技術流出，⑤製造に必要な図面やノウハウの流出を通じた技術流出，⑥人を通じた技術流出，⑦その他の要因による技術流出の類型に分けられる。

特に，人を通じた技術流出は，近年特に問題視されており，米国では1996年に「経済スパイ法」を制定し，営業秘密の窃取を連邦犯罪として取り扱うこととされた。また，日本においても2015年7月の不正競争防止法の改正によって，刑事罰が強化された。これにより，日本の技術流出防止に係わる法制度も飛躍的に強化された。

日本企業が中国企業とライセンス契約する際に，日本企業の独資の中国法人が中国法人とライセンス契約する場合は契約法が適用されるが，日本企業が直接中国法人とライセンス契約する渉外契約の場合は，契約における準拠法に外国法を規定していたとしても，契約が中国で実施される場合には強行法規的性格を有する技術輸出入管理条例が適用される。

技術輸出入管理条例では，ライセンサーの保証責任及び改良技術の帰属に

おいてライセンサーが不利になる旨定められている。このため，渉外契約においては①ライセンサーのライセンス契約の地域範囲から「第三者の特許権を侵害する恐れのある地域」を除外する，②技術が使用される製品の種類，用途等を限定する，③対象技術の使用条件，原材料や部品に関する合法的な制限条件を規定することによりライセンサーの責任を軽減する規定を設けておくこと望まれる。また，渉外契約において，改良技術はライセンサーに帰属すると規定してもその効力が否定される。さらに，当該改良技術に係わる権利の全部または一部の持分を無償でライセンサーに譲渡すると定めることも，「技術輸出入管理条例」27条に違反すると解される。したがって，有償で譲渡される旨規定するか，国内独資法人を経由したサブライセンス契約とするのが望ましい。

第5章
中国知的財産法の特徴と出願戦略

　本章では，中国知財制度の概要と特に日本企業等が中国知財制度を利用する際に，日本の実務と異なる留意点や戦略について述べる。中国における職務発明制度は，発明者重視の方向に動き出している。また，中国では，実用新案と意匠が発明特許と同様に活用されており，外国企業が実用新案権に基づいて訴えられるケースも増えている。中国の特許出願制度が日本と異なる点としては，新規性喪失の例外，抵触出願，秘密保持審査がある。中国特許出願の実務において特に留意すべき点としては，サポート要件等の記載要件が厳格であること，補正の際の新規事項追加の要件が厳しいことが挙げられる。また，中国の審査，審判プラクティスにおいては，包袋における審査過程での意見書の記載が明細書と同様に扱われることも留意したい。さらに，中国における訴訟の審理期間は短くコストも低いため，知財訴訟が急増している。

1　中国知的財産法の特徴

職務発明規定

　中国における職務発明制度については，現行の特許法「職務発明創造について，特許出願する権利は，当該団体に属し，出願が特許された後は，当該団体を特許権者とする」(6条1項) と規定されており，職務発明は原始的には会社に帰属することとされている。ただし，「団体と発明者または創作者で契約が結ばれていて，特許を出願する権利及び特許権の帰属について約定がされているときは，その約定に従う」(6条3項) と規定しており，特

図表 5-1　中国の職務発明規定の改正の動向

年	法規等	内容
	特許法 6 条	・特許出願の権利及び権利化された特許権は，発明者が所属する団体にある。 ・団体と発明者の間の契約によって，特許出願の権利及び特許権の権利の帰属について定められているときはその契約による。
2010	特許法実施細則 77 条	・約定がない場合，特許権の公告日から 3 か月以内に発明者に 3000 元以上の賞与を与えなければならない ・約定がない場合，特許権の実施による営業利益の 2% 以上の報酬を毎年発明者に与えるか，これ相応する報酬を一括して与えなければならない
2012	職務発明 条例草案	・発明者が非職務発明と主張する場合，発明者から発明報告書を受領して 2 か月以内に書面で回答しない場合，非職務発明として認可したものとみなされる ・ノウハウについても特許発明と同様の補償を受ける権利を有する ・職務発明の報奨金の確定は，各職務発明の製品全体に対する経済的貢献，発明者の職務発明に対する貢献などを考慮しなければならない
2014	職務発明 条例草案	・保証を受けるノウハウの対象は特許，植物保護，集積回路配置図設計を出願できるノウハウであることを明確化した

約で帰属者を定めることができるとされている。

2008 年 6 月に国務院より発表された「国家知的財産権綱要」を受けて，中国は，職務発明について発明者重視の方向に徐々に動き出している。これは，中国に進出した日本企業が，日本の職務規定を念頭において，上記特約について定めるケースが増え，それに伴って職務発明の帰属に関するトラブルが増えたことが背景にあるといわれている[1]。以下に，最近の規則等の改正の動きを追ってみる。

図表 5-1 に中国における職務発明規定改正の動向を示した。

まず，2008 年の「国家知的財産権綱要」には，「職務発明制度を整備し，イノベーションに対する職務発明者の発明意欲の促進に有益である上，特許を取得した技術実施推進にも有益な利益配分メカニズムを確立する」と規定されている。これを受けて，2010 年には特許法実施細則が改正され，職務発明創造の発明者の奨励，報酬制度について，報奨及び報酬の支払い方法並

1　依久井，前掲書，105～110 頁。

びに最低基準を規定し，また，使用者と発明者の社内規定により定めることができるなど規定した。

改正された実施細則には，「約定がない場合，特許権が公告に付された日から3か月以内に発明者または創作者に賞与を与えなければならない。1件の発明特許にかかる賞与は，最低でも3000元を下回ってはならない」（77条）と規定され，また，「約定がない場合，特許権の存続期間内に，発明創造にかかる特許を実施した後，毎年，当該発明特許若しくは実用新案特許の実施による営業利益のうちから2％を下回らない部分を抽出し，報酬として発明者若しくは創作者に与えるか，またはこれらの割合を参照して，発明者若しくは創作者に一括して報酬を与えなければならない」と規定されている。

また，2012年11月には，職務発明の保護強化のため，国家知識産権局は「職務発明条例草案」を公布し，パブリックコメントを募集した。「職務発明条例草案」の構成は，総則，発明の権利帰属，発明の報告と知的財産権の出願，職務発明の奨励金と報奨金，職務発明の知的財産権の運用実施の促進，監督検査と法的責任となっており，職務発明についてかなり広範なルールを規定している。主な規定は以下のとおりである。

「単位が別途規程を有し，もしくは発明者と別途約定がある場合を除き，発明者は単位の業務に関わる発明を完成させた後，発明の完成日から2か月以内に単位に対し当該発明について報告しなければならない。発明が二人以上の発明者によって完成された場合，発明者全員が共同で単位に対し報告する。」（10条）

「発明報告書には下記の内容を含まなければならない。
（一）発明者の氏名
（二）発明の名称と内容
（三）発明が職務発明かまたは非職務発明か，およびその理由
（四）発明者が説明を要するとみなすその他の事項」（11条）

「発明者が報告した発明は非職務発明に属すると主張する場合，単位は第11条の規定を満たす報告書を受け取った日から2か月以内に書面で回答しなければならない。単位が上記期限内に回答しない場合，当該発明が非職務

発明であることを認可したものとみなされる」(12条)。

「単位は発明者が職務発明を報告した日から6か月以内に，国内において知的財産権を出願するか，ノウハウとして保護するかまたは公開するかを決定し，決定内容を書面で発明者に通知しなければならない。単位が前項の期限内に発明者に通知しない場合，発明者は書面により単位に対し回答するよう催告することができる。発明者が書面で催告後1か月を経過してもなお単位が回答しない場合，単位はすでに当該発明をノウハウとして保護しているものとみなし，発明者は本条例第25条の規定に基づき補償を受ける権利を有する。単位がその後当該発明について再度国内で知的財産権を出願，取得した場合，発明者は本条例が規定する奨励金及び報酬金を得ることができる」(14条)。

「事業体は，職務発明者に対する奨励金及び報酬金の支給プロセス，支給方法及び金額を確定する際，職務発明者の意見を聞かなければならない。事業体は職務発明を自ら実施するか，譲渡するか，又は他人に実施許諾して経済的利益を得た場合，取得した経済的利益の関連状況を発明者に通知しなければならない」(20条)。

「報酬金額の基準として，「職務発明の報酬金額を確定する際は，各職務発明の製品全体又は製法全体に対する経済的貢献，及び各職務発明者の各職務発明に対する貢献などの要素を考慮しなければならない」(23条)。

以上のように，「職務発明条例草案」では，発明者を保護するための規定が多く導入され，ノウハウについても特許出願した職務発明と同様の補償が求められることになる。ノウハウの範囲については，2015年4月に公開された最新の職務発明条例草案では，「特許，植物品種，集積回路配置図設計を出願することができる知的創造成果に対し，事業体がノウハウとして保護することを決定した場合，当該ノウハウの事業体の経済利益に対する貢献により，発明者との約定または本章の発明特許権に関する規定を参考にして，発明者に合理的補償をしなければならない」(第24条)と規定されており，「特許，植物品種，集積回路配置図設計を出願することができる」ノウハウが対象であることが明確にされた。

また，職務発明に係る事業体と発明者間の権利，義務，責任を明確に確定することを事業体に義務付けている。企業と発明者との関係では，発明者の立場が弱いことから，発明者の告発による行政監督検査規定も導入されている。

さらに，上海市高級人民法院は，2013年6月に「職務発明創造の発明者又は設計者の奨励，報酬の紛争審理ガイドライン」を公表し，より明確なガイドラインを示した。この上海市高級人民法院が公表した当該ガイドラインは，中国全土の裁判に適用されるものではなく，あくまでも上海市高級人民法院の案件に対し適用される。したがって，企業が上海市高級人民法院の管轄内にある場合には，職務発明条例のほか，当該ガイドラインも順守する必要がある。

職務発明条例草案では現状では採択されていないが，採択されれば法律としての効力が発生するため，職務発明条例に即した知的財産権管理制度を企業内で構築することが必要とされる。中国では，職務発明に関するトラブルが増加しているため，争いとなった場合の裁判所の判断基準として，職務発明条例やガイドラインを参照して職務発明規定を整備することが必要であろう。

実用新案の活用

日本では実用新案はあまり活用されていない。これは日本の実用新案は無審査であるため権利が不安定であり，権利行使を行う際に無効となる可能性が高く，その際，相手方に与えた損害を賠償しなければならないため（実用新案法29条の3），リスクが高いと考えられているためであろう。

これに対して，中国では実用新案が活用されており，日本企業が実用新案権に基づいて訴えられるケースも増えている。中国特許法（実用新案に関する規定を含む）には，日本の実用新案法29条の3に相当する損害賠償についての規定はない。また，実用新案特許の審査は，中国においても実体審査を経ないで付与される（特許法40条）ので，権利の安定性に欠け，権利行使の際に無効審判により無効にされる懸念がある。そのため，「特許権評価

報告書」による実用新案特許権と意匠特許権に関する調査報告制度が設けられ，権利の行使の際に人民法院または特許事務を管理する部門から提出が求められ，特許権侵害紛争を審理または処理する上での証拠とされる（特許法61条2項）。この特許権評価報告書は，手続上の意義だけでなく実体法上の意義も有しており，人民法院または特許事務を管理する部門は，特許評価報告書を証拠として判決又は処理の決定を下すことができる。これによって，権利行使の途中で手続が中断されることがほぼなく，無効審判に比較して迅速に判断されるため（特許法38条，39条前段），権利の安定化，効率的な権利行使に役立っている。

　日本の実務では，実用新案権の権利行使の際，実用新案技術評価書の提示義務を課しているが，中国の特許法では，人民法院又は特許業務管理部門は，国務院特許行政管理部門が作成した検索報告を提出するよう要求することができるとのみ規定されている（「最高人民法院・特許紛争案件の審理に法律を適用する問題に関する若干の規定」の第8条第1項）のみで，この検索報告については，最高人民法院は，「検索報告の提出は原告が提起する実用新案特許権侵害訴訟の条件となるものではない。……民事訴訟法第108条に規定する訴訟条件に適合する案件については，人民法院は均しく受理し立案しなければならない」と説明している。

＜実用新案の進歩性の判断＞
　実用新案の進歩性の判断については特許の進歩性の判断の基準よりも低い。具体的には，特許では，発明が属する技術分野や関連分野を考慮するだけでなく，発明が解決しようとする技術課題についても他の技術分野をも考慮するのに対し，実用新案においては，当該実用新案が属する技術分野に着眼して考慮する。すなわち，公知技術として考慮される技術分野の範囲は特許に比較して狭い範囲で認定される。ただし，公知技術（現有技術）で明らかなヒントが与えられる場合，例えば，公知技術（現有技術）に明確に記載されており，その分野で明らかなヒントが与えられる場合や，その分野の技術者が隣接或いは関連する技術分野から関連の技術的手段を探り出すこととなる

場合には，その隣接或いは関連する技術分野を考慮してもよい。また，特許では，2を超える刊行物，公知技術を引用して進歩性を評価することができるが，実用新案については，一般的に2以下の刊行物，公知技術を引用して進歩性を評価される（審査指南第4部分第6章4）。

判例では，実用新案特許権の「握力計」の進歩性の判断において，最高人民法院は，公知技術である「手提げ式デジタル秤」は，近い技術であるが同一技術領域とはいえないとして，「手提げ式デジタル秤」は明確なヒントを与えていない以上，特許再審査委員会が本件実用新案特許権の進歩性について「手提げ式デジタル秤」の力を伝える装置を考慮した点について，法律適用の誤りがあると判示した例がある[2]。

＜特許出願との並行出願＞

中国の特許制度では，1つの発明を特許出願と実用新案出願により並行して出願することを認めている。すなわち，中国特許法第9条は「同様の発明創造には，1件の特許権しか付与されない。ただし，同一の出願人が同日に同様の発明創造について実用新案特許を出願し，発明特許も出願した場合において，先に得た実用新案特許権がまだ消滅しないで，かつ，出願人が当該実用新案特許権を放棄する旨の申立てをしたときは，発明特許を付与することができる」と規定しており，同一の出願人が同様の発明を発明特許出願と実用新案出願の両者で出願することを認めている。

この場合，実用新案特許出願と発明特許出願は優先日ではなく中国特許庁への現実の出願日として同日に出願し（特許法9条1項但し書き，実施細則41条2項），発明特許出願の願書と実用新案特許出願の願書においてそれぞれ発明特許と実用新案特許を同日に出願している旨を説明しなければならない（実施細則41条2項）。

このように，中国において模倣品対策などの迅速な対応が求められる場合，実用新案特許は進歩性の基準が上記のとおり発明特許より低いため，早期の

---

[2] 最高人民法院（2011）知行字第19号，2012年1月19日。

権利化が容易な実用新案と発明特許出願を同時に行い，実用新案権での保護を確保した上で，より信頼性の高い特許権の確保を行うという戦略が有効である。

＜シュナイダー事件＞

実際に，中国において，実用新案特許権の権利行使により高額の損害賠償が認められた事件としてシュナイダー事件について見てみよう。本事件は中国企業である正泰集団が世界有数のグローバル企業であるシュナイダーエレクトリックの合資企業を訴え，実用新案特許権に基づき3.3億元もの損害賠償が認められた事件である。

原告である正泰集団は，中国工業電器業界において生産販売量が最も多い企業の1つであり，温州市及び浙江省の重点企業である。一方，被告の1つである施耐徳（天津）は「Schneider」の中国語標記）は，シュナイダーが天津で設立した低圧電気製品の合弁会社である。シュナイダーは，1999年から中国及び外国において正泰に対して20件近くの侵害訴訟を提起しており，本事件は小型ブレーカに関する一連の紛争における正泰側の反撃といえる。

本事件において，温州市中級人民法院は97248479.5号実用新案特許権について無効審判が請求されたが，侵害訴訟を中止しなかった。通常，実用新案特許権侵害紛争案件については，被告が答弁期間中に当該特許権の無効宣告を請求した場合，人民法院は訴訟を中止しなければならない（「最高人民法院・特許紛争案件の審理に法律を適用する問題に関する若干の規定」第9条）。温州市中級人民法院が訴訟を中止しなかった理由は判然としないが，検索報告に新規性，進歩性を喪失させる技術文献が見つからなかったのが理由ではないかと想像されている。

また，賠償額の算定において，温州市中級人民法院は，正泰の申請に基づき現地の会計事務所を指定し，施耐徳のブレーカの販売額と利益について会計検査を依頼し，施耐徳の販売額は8.8億元と査定されたが，実際の利益は確定されなかった。温州市中級人民法院は，施耐徳が販売した全ての製品の

平均の利益率を用いて営業利益を算定した結果，正泰が請求した 3.3 億元より高くなったため，正泰が請求した 3.3 億元を最終的な賠償額とした[3]。

本事件では，施耐徳（天津）が原価計算表を提供しなかったため，施耐徳（天津）が販売した全ての製品の平均の利益率を用いて営業利益が算定されたが，この営業利益が権利侵害製品の販売総額の約 40％の高額になっており，本件実用新案特許が低圧ブレーカの一部の機構の改良発明であるのにもかかわらず，発明の侵害製品に対する「寄与率」が考慮されていない点について問題があると思われる。なお，本事件は 2009 年 4 月 15 日に和解が成立している。

＜実用新案訴訟の対処法＞

中国において外資系企業の中国法人が実用新案権により権利行使されるリスクが高まっており，同業者の権利取得状況の監視が必要である。無効審判実用新案権により侵害訴訟を提起された場合や，提起される恐れが高い場合に最も有効な対処法は無効審判の請求である。実用新案は無審査であるため無効性を有する可能性は特許よりも高いといえる。また，実用新案の場合，権利範囲に比較して，明細書の記載や実施例が不足しているため，記載不備による無効理由も主張しやすい場合が多いといえる。

実用新案権により訴訟が提起された場合は，侵害訴訟が進行する前に，迅速に無効審判を請求して侵害訴訟とは切り離して，早めに決着することが望ましい。侵害訴訟によって，裁判所が侵害を認めた後からでは，特許再審委員会で（審判部）が無効判断することに躊躇する可能性が生じるからである。また，提起される恐れが高い場合には，十分に無効理由を調査した上で，事前に無効審判を請求して無効化しておくことも検討すべきである。

意匠権の活用

中国では，この数年で意匠特許出願と意匠特許権付与の件数が急増してい

---

3 温州市中級法院（2006）温民三初字第 135 号事件，2007 年 9 月 29 日。

る。2012年度における中国の意匠出願件数は65万7582件（国内64万2401件，外国1万5181件）であり，前年比で26％増加している。これは同年度の特許出願の65万2777件とほぼ同レベルであり，実用新案74万290件とともに非常に高いレベルであることがわかる。日本においては，ここ数年特許の出願件数は35万件弱，意匠は3万件前後のレベルで推移してきており，日本に比較して，意匠出願の出願件数は約20倍以上，特許との相対的な出願件数でも圧倒していることがわかる。

　中国における意匠特許は，旧特許法において創作性が要求されていなかったために，ラベルシール，ボトルラベル，包装紙のような標識の役割を果たすものが多数出願されていることや，公知のデザインの模倣または寄せ集めのように創作レベルの低いものが多数出願されていた[4]。そこで，2009年における中国特許法第3次改正では，「特許権を付与される意匠は，先行デザインに属さず，いかなる団体または個人によっても同様の意匠について出願日より前に国務院特許行政部門に出願されたことがなく，かつ，出願日以降に公告に付された特許書類において記載のないものでなければならない」（特許法23条1項）及び「特許権を付与される意匠は，先行デザインと，または先行デザインの特徴を組み合わせと比べて明らかな相違を有していなければならない」（同条2項）と規定された。

　また，意匠特許出願は実用新案と同様に予備審査のみ行われ実態審査が行われない（特許法40条），ため権利行使に際しては権利の安定性に問題が生じるため，実用新案と同様に，特許権評価報告書の作成が義務付けられた（特許法61条第2項）。特許権評価報告書は特許権侵害紛争を審理，処理する際の証拠とされるようになったので，実用新案と同様に，権利者が慎重に，かつ効率的に権利行使が行えるようになっている。

　このような背景から，中国においては，意匠特許権の出願数が実用新案とともに高いレベルにあり，特許出願と同様に活用されているといえる。

---

[4] 北京三友知識産権代理有限公司編著『中国特許出願実務入門』発明推進協会，2012年，24頁。

<意匠出願の留意点>

中国において意匠特許出願する際の留意点として，日本の意匠出願と異なる点を述べると以下のとおりである。

1)「意匠の簡単な説明」を提出する必要があり，「意匠の簡単な説明」には，意匠の物品の名称・用途及び意匠の要部を記載するとともに，要部を最もよく表した図面または写真を指定しなければならない。パリ条約上の優先権を主張して出願する場合，第一国出願に「意匠の簡単な説明」がなくとも，「意匠の簡単な説明」に記載された事項が，第一国出願に係る図面または写真に示された意匠の範囲を超えていない限り，優先権の利益を受けることができる。

「意匠の簡単な説明」は侵害訴訟の際に，意匠の要点を認定する証拠とすることができ，訴訟における主張において効果的である。

2) 多くの場合，正投影図法による6面図のみを提出した場合，斜視図（立体図）の提出を追加で求められることがある。したがって，斜視図がある場合には，あらかじめ提出することが望ましい。

3) 中国は，部分意匠制度を有していないため，日本において部分意匠の意匠登録出願を行った場合は，中国では破線部分を実線に書き直して出願する必要がある。中国は，我が国の関連意匠制度に該当する制度を有しないが，2009年の改正で「類似外観設計」制度が導入された。

4) 複数の意匠が類似関係にあればそれら複数の意匠を一出願に含めることができるため，日本で行った複数の関連意匠出願を基礎として中国出願を行う場合は，それぞれの意匠について独立の意匠登録出願を行うほか，「類似外観設計」制度を利用することで，まとめて単一出願とすることができる。ただし，1件の出願における類似意匠の数は10件を超えてはならないことに注意が必要である。

<同一・類似の判断>

意匠の同一・類似の判断においては，2009年に制定された「特許権侵害紛争の審理における法律適用の若干問題に関する解釈」には以下のとおり規

定されている。

① 意匠特許製品と同一又は類似する種類の製品において，権利を付与された意匠と同一又は類似の意匠を採用する場合，人民法院は権利侵害を訴えられたデザインが特許法第59条第2項に定める特許権の保護範囲に該当すると認定しなければならない（第8条）。

② 人民法院は，意匠製品の用途に基づき，製品種類が同一又は類似であるか認定しなければならない。製品の用途の確定においては，意匠の要約書，国際意匠分類表，製品の機能及び製品の販売，実際の使用状況等の要素を参考にすることができる（第9条）。

③ 人民法院は意匠製品の一般消費者の知的水準及び認知能力をもって，意匠が同一類又は類似であるか否かを判断しなければならない（第10条）。

④ 人民法院は意匠が同一又は類似であるか認定する場合，登録意匠，権利侵害を訴えられたデザインのデザイン特徴に基づき，意匠の全体の視覚効果をもって総合的に判断しなければならない。主に技術機能により決定されるデザイン特徴及び全体の視覚効果に影響を及ぼさない製品材料，内部特徴は，考慮しないものとする（第11条1項）。1) その他部位に対して，製品が正常に使用できる場合に直接観察されやすい部位，及び2) 登録意匠のその他デザイン特徴に対して，意匠登録の先行デザインと異なるデザイン特徴といった状況は，通常は意匠の全体の視覚効果に対し，より影響がある（同条第2項）。権利侵害を訴えられたデザイン意匠登録が全体の視覚効果上に差異がない場合，人民法院は二者が同一であると認定しなければならない。全体の視覚効果上，実質的な差異がない場合，両者が類似であると認定しなければならない（同条第3項）。

日本企業の係争例としては，ソニーが深圳のVCDメーカー「歩歩高」の意匠特許権の無効審判を請求したケースにおいて，覆審委員会は，用途が類似して全体的にも視覚上も類似しているとして無効宣告したが，無効宣告取消裁判では，一審，二審とも無効宣告の取消しを支持した。

また，ホンダのスクーターについての意匠登録93303569.1が外見上は類似しても主要部で異なる引例（登録92307683.2）との対比について，行政と

一審はホンダの意匠権を無効としたが，二審（北京市高級人民法院）は「各要部によって全体のイメージを変え，簡潔明快な印象を与えて美観上の混同は生じない」として無効宣告を取り消した[5]。

上記のように，行政の審査基準では「主に用途が同一・類似かどうかで判断する」のに対し，北京市高級人民法院の通知では「意匠特許製品と被疑侵害製品が同一の類に属するか否かを審査するには，意匠分類表を参照し，商品の販売の客観的な実際の状況を考慮して判断しなければならない」とされている。また，同一・類似の判断を全体で見るか，要部で見るかについては，行政の審査基準では「一般商品の意匠については，総合的に判断する方法で同一または類似の判断をすべきである。要部判断方法は，他の部位と比べ消費者の注意を引く部位だけに限って適用する」とされているのに対し，北京市高級人民法院通知では「①両者の形状，模様，色彩等の主要部分（要部）が同一の場合には同一の意匠と認定しなければならない。②構成要素において主要な設計部分が（要部）が同一または類似して付随的な部分が同一ではない場合には類似意匠と見なさなければならない，③両者の主要な意匠部分（要部）が同一または類似でない場合には同一または類似しない意匠と見なさなければならない」とされている。

最高人民法院の再審判決においては，次のように判示されている。

「係争製品と本件意匠製品は，外観全体の形状，本体の各構成部分及び配置方法において基本的に同一である。主な相違点は，装飾の模様の相違にある。トップに装飾模様があるかどうか，模様が百合の花か牡丹の花かの違いだけである。このような細部の相違は，外観全体の形状，本体の各構成部分及び配置方法において基本的に同一であることに比べて，大きな意味をなさない。全体的に見て視覚的効果において類似性があるといえる以上，本件意匠権の侵害が成立するといえる」[6]。

意匠権の侵害については，登録意匠に係る物品を製造，販売の申出，販売

---

5 北京市高級人民法院（2003）高行終字第15号，2003年5月30日。
6 最高人民法院（2011）民申字第1406号，2011年11月22日。同様に全体的観察に基づいた総合的判断によるものとした判決に最高人民法院（2010）行提字第3号がある。

または輸入する行為は，意匠権侵害を構成する。侵害の事実を知った意匠権者または利害関係人は，意匠権の有効性に関する意匠権評価報告書の作成を国務院特許行政部門に求めることができる。また，権利侵害に係る紛争が起こった場合，人民法院または特許事務管理部門が，意匠権者または利害関係人に対し，意匠権評価報告書の掲出を求める場合がある。権利行使の前には，意匠権評価報告書を入手し，権利の有効性について十分に確認することによって，効率的安定的な権利行使をすることが期待できる。

新規性喪失の例外

　日本において新規性喪失の例外（特許法30条）の適用を受けている出願について優先権を主張して，中国に出願する場合，中国では新規性喪失の例外の要件が極めて限定されているため多くの場合要件を満たさないため，十分に留意する必要がある。中国において出願を予定している場合は，日本においても新規性喪失の例外の適用を申請することなく，発明をいかなる場合であっても公知とならないように，事前に出願すべきである。

　中国で新規性喪失の例外規定の認められる事由は，出願日より6か月以内の事由であって，(1)中国政府が主催または承認する国際展覧会で最初に展示されたこと，(2)所定の学術会議または技術会議で最初に発表されたこと，(3)出願人の承諾なくその内容を漏らしたこと，に限られている（特許法24条）。

　上記(1)及び(2)の展覧会等については，実施細則30条に詳細に規定されているが，日本の学会等は当然上記に規定される展覧会等に含まれないため，新規性喪失例外の規定の適用を受けることはできない。

　また，上記(3)の「他人が出願人の承諾なくその内容を漏らしたこと」とは，他人が明示または黙示された守秘の約束を守らずに発明創造の内容を公開すること，他人が威嚇，詐欺またはスパイ活動などの手段により発明者，あるいは出願人から発明創造の内容を得ることによって発明創造を公開することなどが該当する。

　なお，米国では出願前1年以内であればいかなる態様で公知になったとし

ても新規性を喪失することがないため、中国とは大きく異なっている。

抵触出願

中国においては、日本とは異なり、出願人自身の先願によって、自身の出願（後願）の新規性がないとされる可能性がある。

中国特許法22条2項には、新規性の要件の1つとして、「いかなる団体または個人によっても同様の発明または実用新案について出願日より前に国務院特許行政部門に出願がなされたことがなく、かつ、出願日以後に公開された特許出願書類または公告に付された特許種類において記載のないことをいう」と規定されている。この際、先願の請求項だけでなく明細書の記載全てが新規性違反の対象となる。

したがって、中国において、関連した複数の出願をする場合に、日本の特許法29条2と同様の規定が同一の発明者または同一の出願人である場合にも適用されるおそれがあることを注意しなければならない。

これを回避するには、1年以内に日本に出願した複数の出願を基礎として優先権主張して、これらを1つにまとめた国際出願を行うか、中国出願を行えばよい。

秘密保持審査

中国特許法20条1項には、「すべての団体または個人は、中国で完成した発明または実用新案について外国に特許出願をするとき、あらかじめ国務院特許行政部門に秘密保持審査をするよう請求しなければならない。秘密保持審査の手続、期間等は、国務院の定めるところにより実施する」と規定され、中国でなされた発明を、中国以外の国に第1国出願する場合には、中国政府に秘密保持審査を請求し許可を得なければならない。

秘密保持審査の請求の方法は、次の3通りの方法がある。

①中国特許庁に特許出願し、同時又はその後に秘密保持審査請求する場合

この場合、外国出願の内容は中国出願の内容と一致していなければならない。

②秘密保持審査請求のみ行って外国出願する場合

この場合，秘密保持審査請求書以外に中国語で作成された技術的解決手段を含む明細書も提出しなければならない。

上記，①，②の方法により秘密保持審査請求した後，中国特許庁より外国に出願してもよい旨の通知を受け取れば，外国特許出願することができる。また，秘密保持審査請求を提出した日から4ヶ月を経過しても通知を受け取らなかったときも外国に特許出願してよい（実施細則9条1項）。

③中国特許庁を受理官庁としてPCT国際出願を行えば，秘密保持審査請求も提出されたものとみなされる（実施細則8条3項）。

この場合，中国特許庁が出願日から3ヶ月を経過しても国の安全に関する理由により国の安全に関する理由により国際段階の手続を終結する旨の通知を発送しなかったき秘密保持審査を通過したものとして処理される（特許協力条約に基づく規則19.4b，22.1a）。

日本企業の中国現地子会社が，中国で生まれた発明の内容を確認するために秘密保持審査の請求前に発明に関する説明文書を日本本社に送ることがあるが，日本特許庁への出願日が中国での秘密保持審査決定書の期日よりも後であれば，この日本出願を基礎出願として中国に出願する場合，権利化には影響しないと考えられる[7]。

なお，秘密保持審査の対象は特許発明及び実用新案に限られ，意匠は対象となっていない。

2　中国特許出願実務とマネジメント

特許出願か秘匿化か

まず，中国以外の国において，特許出願することを決めた案件であれば，出願国においてその発明は公開されてしまうから，仮に中国に特許出願を行

---

[7]　特許庁HP新興国データ（https://www.globalipdb.jpo.go.jp/application/2641/）。

わなければ，それらの公開情報に基づいて，技術が模倣されるリスクが高い。したがって，このような場合，中国にマーケットがある技術については中国においても極力特許出願すべきことは言うまでもない。

　また，中国以外において特許出願しない場合であっても，輸出等により中国マーケットにおいて製品が露出する場合には，原則として，極力特許出願しておくべきである。リバースエンジニアリングによって第三者に容易に製品技術が取得されるようなものであれば，何もしなければ，製品をマーケットから取得した第三者により逆に特許，実用新案等が出願されるリスク生じることになる。実際，日本企業において，中国への特許出願せずに輸出した製品について，中国企業により当該製品の各部品と酷似した実用新案が，その部品ごとに出願されたという事件が生じている。

　前述したように，中国において，他国の企業が先使用権を主張し，立証することは非常に困難を伴うことになるため，事前に知的財産権を取得しないで，製品技術を中国マーケットにさらすことはリスクが高いことを認識しなければならない。

　それでも，リバースエンジニアリング等によって簡単には技術が取得できないような非常に秘匿性の高いものであれば，中国も含めて全ての国において，特許として出願せずに，ノウハウとして秘匿しておくことが考えられる。製品を輸出，技術供与したとしても，ある特定の中核部分の技術については，特許出願もせずに完全に秘匿化することが極めて有効な場合がある。特許出願すると，その発明は公開され，この技術をベースとした改良技術を特許出願されるリスクを負うことがあり得るからである。このような技術については，あえて特許出願せずに，ノウハウとして厳格に管理することを検討してみる必要がある。すなわち，自社技術のうち，オープン化する部分とブラックボックス化する部分を明確に区別して管理する戦略である。

　ノウハウとして管理する場合，ノウハウの範囲を明確化するため，特許出願と同様に明細書を作成し，必要に応じて出願後公開前に取下げを行う手法がある。この場合，競合他社の動向を見ながら，出願，取下げを繰り返し行うことにより，権利化も留保することができる。

例えば，材料の発明において，成分組成と基本的な製造方法は特許出願するとして，製造方法において不可欠となる微妙な条件，工夫等についてはノウハウとして秘匿することが考えられる。また，インテルが行ったように，MPUの中核技術をブラックボックス化し，関連機器など接続部分をオープン化して，世界的な分業体制により製品の市場拡大を促す戦略がある。

　また，特許出願する場合には，明細書の開示範囲を厳密に制限する必要がある。中国においても特許権の権利範囲は，原則として特許請求の範囲の記載に基づいて判断されるが，明細書において不必要に技術情報を開示することは控えるべきである。もちろん，中国において，特許請求の範囲をサポートする明細書の記載は十分でなければならず，また，当業者が特許請求の範囲に記載される発明が実施できるように記載しなければならないことは，日本と同様であり，後述するようにむしろ日本より厳しいといえる。しかしながら，特許法で求められる明細書の記載要件は，技術を現実に実施するための詳細な条件，ノウハウまでも求められているわけではない。明細書中には，中国特許プラクティスで要求される記載要件を満たすように特許請求の範囲を理論的に根拠付ける説明が十分なされていればよく，それ以外の自社にとって重要で保護すべき技術情報やノウハウ等は記載する必要はない。同様に，図面や実施例の記載も，実際の製品の設計図面や実施のための条件，コツ等を詳細に記載する必要はない。特許請求の範囲をサポートする記載以上の記載は，自社が守るべき権利範囲を超えて第三者に技術情報を開示することになると心得ておくべきであろう。

外国出願マネジメント

　第1章において，図表1-1に示したように，世界の中間層は，2020年には新興国が約81％を占めることが予想されている。世界の消費者の中心が，これまでの日米欧から新興国にシフトしてきていることは，想像以上の勢いである。したがって，今後の特許出願のあり方も従来の発想を抜本的に改めて見直しを図る必要がある。

　また，中国企業などの新興国企業との知的財産訴訟紛争も今後増加すると

思われるが，その主戦場は，米国や日本とは限らない。むしろ，マーケットの大きさと，中国などのように知財制度が急激に整備されてきていることから，新興国，特に，中国において知財訴訟を利用するケースが増えると予測される。前述したように，スウェーデンのエリクソンは中国シャオミをインドで特許侵害訴訟を提起した。また，日本企業のなかでも台湾で原告となって日本企業を相手に特許訴訟を提訴している企業も現れてきている。台湾の裁判所の迅速で的確な訴訟指揮を期待してのことである。侵害製品が製造，販売されている地域であれば，これまでの固定した観念を捨てて，グローバルでの権利行使を含めた知財ネットワークを築くことが求められている。

したがって，外国出願の出願国は，マーケットやバリューチェーンだけでなく，将来の知財訴訟の利用可能性も含めて決めることが望ましい。また，外国出願する際には，日本語の明細書（国際出願明細書等）を作成する段階で，出願国をある程度決めておくことが望ましい。出願国が決まった場合には，早期に海外出願を意識した明細書の作成に留意する。その際，記載不備要件の最も厳しい中国のプラクティスを意識して記載不備の無い明細書を作成することが望ましい。中国の特許審査では，後述するように記載不備の要件が厳しく，記載不備に関する拒絶理由が何度も発送されることが多い。このため，翻訳等の現地代理人の費用を含む補正費用がかさむため，初めから，記載不備の無い明細書を作成して中国出願することが望ましい。また，中国のプラクティスでは，後述するように補正の制限（新規事項の追加）が厳しいため，クレームが対応する段階（上位，中位，下位）ごとにサポートがある明細書を作成することを心がけると中国移行後の審査過程における対応上有利である。

特に，PCT出願を利用して中国に国内移行する場合は，上記のとおり，PCT明細書の段階から記載不備のない明細書を作成し，国際段階における補正により，新規性，進歩性等の特許性を確保しておくことが効果的である。その上で，PPH（特許審査ハイウェイ）等を活用して，中国を含む各国に移行すれば，経費削減及び権利化までの時間の短縮化において大いに有利であるといえる。

また，現地法人から出願する場合には，あらかじめ中国各省，自治区，直轄市いずれかの知識産権局に発明専利出願優先審査申立書を申請しておくことで，特定の重要な発明について優先審査請求することができる。優先審査請求では，受理されてから1年以内に最終処分がなされるため，早期権利化には極めて有効な手段である。

　なお，中国における特許出願は，中国語により出願しなければならないため，通常，日本語又は英語から中国語への翻訳が必要となる。この際，日本サイドでは，中国語の翻訳文のチェック機能を有しないことが多いため，現地代理人任せとなることが多い。しかしながら，中国語の翻訳に誤訳や誤記があった場合に，権利行使の際に初めて発覚することもある。したがって，中国語の翻訳のチェックを日本サイドで費用をかけずに行う体制の整備も重要である。

　例えば，中国語のできる専属スタッフによるクレームのチェック体制を整えるとか，日本人スタッフによって，数値，化学式，図面，記号等の最低限のチェックを行うことが望まれる。この際，翻訳者または翻訳チェック者について，信頼性を確保するなど技術の流出を防止する点についても，留意することが必要である。

明細書作成時の留意点

　中国を含めて海外に特許出願する場合には，パリルートでもPCT出願でも最終的に中国語への翻訳が必要となる。通常は，日本語から直接中国語に翻訳する場合が多いが，米国など英語圏への出願を行う場合は，英文明細書から中国語に翻訳することも考えられる。いずれの場合であっても，もとになる日本語明細書の段階で，日本語特有のあいまいな表現や複雑な構文を避け，外国出願を意識した簡潔で明確な記載を心がけることが重要である。

　実際には，特に，国際出願明細書については，中国以外に米国や欧州等に出願することになるため，各国のプラクティスも留意した上で，最大公約数的に各国に適合する日本語明細書を作成する必要がある。この場合，各国特有の要件については，自発補正で対応することになるが，米国出願において

は，侵害訴訟との関係でクレームの限定解釈がなされないように明細書の記載を配慮する必要があるため，自発補正や継続出願による対応が必要な場合もある。これに対して，中国では記載不備に関する要件が厳しく，権利行使の際，クレームの記載に対応する効果の記載が不十分であると，特許権が無効とされ，権利行使できなくなるリスクがある。したがって，米国出願の明細書について必要な自発補正等によりの効果の記載等を一部省くなどの対処をして，国際出願明細書の段階では，中国等のプラクティスを踏まえて，効果の記載を充実させる等記載不備がない明細書を作成することが重要であると考える。

(1) クレームのタイプ

中国では，欧州と同様に，クレームの記載は前提部と特徴部分に分けた二部形式で記載することが要求されている。ここで，前提部には，保護を求める発明の主題が最も近い先行技術と共有する必須の技術的特徴を記載するとしている（特許法実施細則21条）。

前提部（プレアンブル）は米国では，構成要件として見なされないため，米国を含む多数国に出願する場合は，日本語明細書の段階において，前提部の記載は最小限にする必要がある。また，中国及び欧州では二部形式を要求されているが，出願当初から二部形式で記載する必要はなく，審査過程において先行文献との関係で必要に応じて二部形式に訂正すればよい。

したがって，中国へ出願する明細書であっても，米国を意識した構成要件列挙型でクレームを記載し，審査過程で必要に応じて二部形式に改めることが得策といえる。

(2) クレームの従属形式

中国では，従属クレームはその前のクレームしか引用できない。また2項以上のクレームを引用する多数項従属クレームは択一形式で前の請求項を引用し，かつ後の多数項従属クレームが前の多数項従属クレームを引用することはできない（特許法実施細則22条）。

日本では，マルチクレームもマルチクレームに従属するマルチククレームも許されるため，中国に出願する際にどの段階で，これらを解消するかが問題となるが，パリルートであれば最初から解消した明細書を作成すべきであるが，PCTの場合は自発補正が必要であるため，審査過程における対応でもよいと思われる。

(3) 機能的クレーム

　中国において，技術的特徴が構造の特徴で特定するより機能的または効果で特定する方が適切であり，その機能または効果が明細書に記載の手段で検証できる場合は，機能的特徴で特定することができる（審査指南第2部分第2章3.2.1）。

　しかしながら，機能的特徴でクレームを特定した場合，明細書において機能を実現するための実施形態を十分記載しないとサポート要件違反とされるため，明細書において複数の実施形態により同様の効果が得られることが十分に説明できる場合でない限り，機能的表現でクレームを記載することは避けるべきである。

　どうしても機能的クレームにより記載したい場合は，保険のため，また，機能的クレームと機能的でないクレームを併設しておくことが望まれる。

　審査指南には次のように述べられている。「請求項に含まれる機能的限定の技術的特徴は，記載された機能を実現できるすべての実施形態をカバーしていると理解すべきである。機能的限定の特徴を含める請求項に対して，該機能的限定が明細書にサポートされているかを審査しなければならない。請求項に限定された機能は，明細書の実施例に記載された特定の形態で完成されたもので，かつ所属技術分野の技術者は明細書に記載していないほかの代替的形態ではこの機能を完成できるかについて不明である，若しくは所属技術分野の技術者が該機能的限定に含まれる一種或いは数種の形態でも，専利発明或いは実用新案が解決しようとする技術的課題を解決できず，同等な技術的効果を達成できないと疑う理由を有するときは，請求項には前記ほかの代替的形態或いは専利発明や実用新案の技術的課題を解決できない形態をカ

バーする機能的限定を用いてはならない」。

　また，機能的クレームの権利範囲の解釈については，司法解釈（2009年21号4条）に「請求項において機能若しくは効果を以って記載された技術的特徴について，裁判所は明細書および図面に記述された当該機能若しくは効果の具体的実施形態，及びそれと同等の実施形態と結びつけた上で，当該技術的特徴の内容を確定しなければならない。」とある。

　このように，米国の「ミーンズクレーム」と同様に，機能的クレームの権利解釈において，明細書及び図面に表された具体的実施態様及びそれと均等な実施形態に限定されて解釈される傾向にある。したがって，中国では，機能的クレームにより記載する場合には，複数の具体的技術手段を実施例中に記載しておくことが望まれる。特に，ベウトモードの実施例だけでなく，ベストモードでない最低限の要件を備えた実施例を記載しておくことが望まれる。

＜ノキアVS華勤社＞
　機能的クレームにより侵害訴訟を提起した例として，ノキア公司が上海華勤通信技術有限公司が製造販売する携帯電話が，ノキア公司が有する特許を侵害するとして上海第一中級人民法院に提訴したケースがある。一審，二審とも非侵害の判決を下している。上海市高級人民法院は，請求項7は機能に対応する構造が記載されていないため権利範囲を確定できないとした。問題とされた請求項7の記載は対応する方法の請求項に対し，「構成されており」の文言を記載したものであり，以下のような記載であった。
　「前記データ転送方法の選択を，メッセージを入力するために用いられるメッセージエディタにおいて適用するように構成されており；
　前記メッセージエディタにおいて行われる前記データ転送方法の選択に基づいて，前記選択されたデータ転送方法をサポートするデータ転送アプリケーションに対して前記メッセージを送信するように構成されており；及び
　前記データ転送アプリケーションによって使用されるデータ転送プロトコルにしたがって，前記メッセージを通信ネットワークに送信するように構成

されている請求項6に記載の装置」

上海市高級人民法院は上記司法解釈に基づき，「明細書及び図面中，上記方法ステップを端末装置またはメッセージエディタの具体的技術手段にどのように適用するかに関する記載は存在しない」として，クレームの保護範囲を確定できないから非侵害と判示した[8]。

なお，上記のクレームの記載に見られるように，「……のように構成され」という表現は機能的クレームと判断される傾向にあることを留意したい。

(4) コンピュータプログラム発明

中国において，コンピュータプログラムに係る発明は，プログラムを利用した「装置」または「方法」の発明として記載することにより，認められている。

特許法（25条1項2号）には，特許適格性のないものとして「知的活動の法則及び方法」が規定されているが，審査指南第2部分第1章には以下の例が挙げられている。

①コンピュータプログラムそれ自体
②純数学的な演算方法または演算法則それ自体に関連するコンピュータプログラム
③ゲームのプロセスを管理または制御するためのコンピュータプログラム
④管理をするためのコンピュータプログラム
⑤プログラミング方法に関連するコンピュータプログラム
⑥漢字をエンコードする方法それ自体

以上のように，「コンピュータプログラムそのもの」は特許法の保護対象とならないことが規定されている。したがって，日本出願明細書に記載されたクレームの末尾が，「プログラム」を直接中国語に翻訳して出願すると拒絶理由が発送される。コンピュータプログラム関連発明のカテゴリーは「装置」または「方法」しか認められていないため，クレームの末尾は「方法」

---

[8] 上海市高級人民院（2013）滬高民三（知）終字第96号，2014年2月24日。

または「装置」としなければならない。

この際,「装置」クレームにおいて,「方法」クレームに対応する機能により装置の各部の動作を規定した場合には,上記「機能的クレーム」で述べたように,明細書中にハードウェアを用いたソフトウェアの具体的機能,技術手段を記載しておくことが望まれる。

なお,コンピュータプログラム発明は,ハードウェアの変更は必ずしも必要とされず,公知のハードウェアに新規なソフトウェアを組み合わせた発明であればよい[9]。

(5) オープン形式とクローズド形式

中国において,特に化学分野において,クレームの記載はオープン形式でもクローズド形式でも認められている。日本語の記載が「……からなる」とクローズド形式で記載されている場合は,そのまま中国語に翻訳すると,クレームで明示されていない成分等を含まないクローズド形式の中国語に翻訳されることになる。

合金など,日本においてクローズド形式が要求されている特殊な場合を除き,日本語明細書の段階で「有する」,「含む」,「備える」等のオープン形式で記載することが好ましい。なお,オープンで記載した場合,含まれる可能性のある成分等は明細書中でできる限り列挙することが好ましい。

なお,クローズド形式で記載したクレームの権利範囲に,不純物を含む製品が含まれるかどうかが争われた事例では,中級人民法院及び高級人民法院は,不純物を含むイ号製品は特許発明の技術的範囲に属すると判断したのに対し,最高人民法院は,イ号製品に含まれるアルギニンは通常の意義での不純物とは言えないとし,さらに審査経過を総合的に判断した上で,均等論の適用も排除して,イ号製品は特許発明の技術的範囲に属さないと判示した[10]。

中国において,クローズド形式クレームは非常に限定的に解される恐れがあるため,中国語への翻訳の際にも十分留意する必要がある。

---

[9] 日本知的財産協会「中国における特許権取得上の留意点」2011年10月。
[10] 最高人民法院(2012)民提字第10号,2012年12月20日。

(6) プロダクトバイプロセスクレーム

　中国において，組成物等化学製品の特長が組成，構造等によって特定することが困難な場合には，プロセス的特徴によって表現するプロダクトバイプロセス形式でクレームを記載することが認められている（審査指南第2部分第10章4.3）。

　プロダクトバイプロセスで特定された物の新規性の判断は，当該物自体について判断され，製造方法が異なるからといって必ずしも新規性を有することにはならない。プロセスの相違によって物の構造，組成等に相違がもたらされると判断できれば新規性を有することになる。

　例えば，クレームには「X方法により得られるガラスコップ」と記載され，引用文献には「Y方法により得られるガラスコップ」が開示されていた場合，2つの方法により得られるガラスコップの構造，形状及び構成材料が同じである場合，新規性が否定される。これに対して，X方法が引用文献に記載されていない特定の温度での焼き戻し工程を含んでおり，その結果，微視的な構造が変化し耐久性が向上したといえる場合など，方法の相違によって物の構造が変化したと言える場合には新規性が肯定される（審査指南第2部分第3章3.2.5）。

　プロダクトバイプロセスによりクレームを記載する場合には，クレームで特定した方法によって，組成や組織，構造に及ぼす影響について具体的に記載することが望まれる。

　プロダクトバイプロセスにより記載したクレームの権利解釈については，製法に限定されるとする説と製法に限定されない説があり，判例や司法解釈もないことから，裁判所においてどのように判断されるかはわからないというリスクがある。

(7) 用途発明

　中国において，用途を特定した物の発明は，その物の構造または組成が新規性を有するか否かで判断され，用途が相違しても，組成または構造が一致している場合は新規性があると認められない（審査指南第2部分第3章3.2.

5(2))。

　中国では，このような用途発明は，物をどのように使用するかの使用方法であると考えられているため，使用方法のクレームとして記載し，使用の形態，条件など，例えば，配合比率，配合方法など使用の特徴点を特定することが好ましい。

中国特許明細書の記載要件

　中国特許法2条第2項には，「発明とは，製品，方法，又はその改良について出された新技術法案をいう」とされ，日本の特許法が規定する「発明とは，自然法則を利用した技術思想の創作のうち高度のものをいう」に比較して，中国における発明の概念は，より具体的であるといえる。

　このような発明の概念の違いにも由来するように，中国では，特許明細書の記載も日本に比較してより具体的であることが要求されている。すなわち，中国においては，特許請求の範囲に規定される発明が，実施例として十分に開示されていなければサポート要件の不備として拒絶される。日本におけるサポート要件に比較して，より厳しく実施例の開示等が要求されている。

　中国特許法には，明細書の記載要件に関して，サポート要件について，「特許請求の範囲には，明細書に基づいて，特許の保護を求める範囲を明確，簡潔に特定しなければならない」（特許法26条4項）と規定され，実施可能要件について「明細書には，発明または実用新案について明確で，完全な説明をし，その属する技術分野の技術者が実現できることを基準としなければならない」（特許法26条4項）。

　サポート要件を充たすためには，特許請求の範囲で記載した広い「概念」の具体的実施形態をなるべく多く複数記載する必要がある。実施例により記載することが望ましいが，実施例を十分に記載できない場合は，記載できない実施例の概括部分の具体的実施形態の名称だけでも記載した上で，同概括部分または実施形態と明細書の実施例の共通性を論理的に説明し，この概括部分により発明の目的を達成している旨の説明を記載することが必要である。また，請求項として，広い概念から徐々に狭い概念の従属項を階層的に設け，

それぞれの階層に応じた実施例または概念の説明を十分に記載し，将来の補正の選択肢を確保することが望ましい。

サポート要件が争われた事件として，ローディア化学公司の特許の無効宣告審査決定及び判決[11]がある。本事件は，請求項に記載される「セリウム及びジルコニウムの混合酸化物を主成分とする組成物において，総孔体積は少なくとも 0.6cm³/g」であることを特徴とする組成物」をサポートする明細書の記載として，「第1実施方式の組成物の総孔体積は少なくとも 0.6cm³/g，より具体的には 0.7cm³/g であればよく，一般的には 0.6〜1.5cm³/g」が十分であるかどうかが争われたが，人民法院は，総孔体積には合理的上限が存在するはずで，セリウム及びジルコニウムの混合酸化物を主成分とする組成物の総孔体積が最大値を達成できることが明細書に記載されていないとして，サポート要件違反とした。

この判決で重要な問題は，中国では訂正審判制度が存在しないことである。日本であれば，訂正により「0.6〜1.5cm³/g」と上限を限定することができるが，中国では，登録後において訂正請求ができず，無効審判手続において訂正できるのは請求項の削除と併合しかできないため（実施細則69条1項），本件のような数値限定の場合，明細書の記載との関係から上限等を限定した複数の数値範囲を有する従属項を最初から記載しておくことが必要とされる。

また，イーライリリーの再審事件[12]においては，明細書中において一般式で表されている化合物は完全開示の要件を充足するが，特定化合物に関する実験データが欠如するため，特定化合物に関する保護は請求できないと判示された。さらに，最高人民院法院行政判決[13]は，特許請求の範囲にはPEG6000以外にも20〜90度の融解点範囲を有するオキシアルキレンポリマーまたは分子量1000〜10000のPEGが含まれるが，これらは明細書によりサポートされていないと判示した。

以上の判例に見られるように，特に化学分野においては，サポート要件を

---

11 無効宣告審査決定番号第12760号，北京市高級人民法院2010年判決（2010）高行終字第112号。
12 北京市高級人民法院行政判決2013第963号，2013年12月20日。
13 最高人民法院行政判決2012年第4号，2012年2月27日。

充足するためにクレームの範囲をカバーする多数の実験データを提出することを十分に留意する必要がある。

サポート要件違反の拒絶理由が発せられた場合には，以下の点に留意して合理的な反論が可能であるかどうかを検討すべきであろう。

審査官により，請求項の範囲が明細書の実施例の記載等に比較して広すぎるためにサポート要件を充足していないとの拒絶理由を指摘された場合は，専利審査指南第2部分第2章第3.2.1の規定にある以下の点に沿って反論することが可能かどうか検討する。

「もし所属技術分野に属する技術者が，明細書に記載されている実施形態のすべての同等な代替方式又は明らかな変形方式がすべて同一の性能又は用途を具備することを合理的に予測できる場合は，請求項の保護範囲をそのすべての同等な代替形式又は明らかな変形方式を含むよう概括することを出願人に許可すべきである」。

具体的には，上記の審査指南に沿って以下の点を検討する。
①明細書に開示される下位概念の共通性により請求項の範囲を十分にサポートしているかどうか。
②本発明は上記共通性を利用して技術的課題を解決しているといえるか。
③上記共通性は，合理的予測であるといえるか。

また，審査官により機能的限定の範囲が広すぎるためにサポート要件を充足していないとの拒絶理由を指摘された場合は，専利審査指南第2部分第2章第3.2.1の規定にある以下の点に沿って反論できるかどうかを検討する。

「請求項に限定された機能は，明細書の実施例に記載された特定の形態で完成されたもので，かつ所属技術分野の技術者は明細書に記載していないほかの代替的形態ではこの機能を完成できるかについて不明である，もしくは所属技術分野の技術者が該機能的限定に含まれる一種あるいは数種の形態でも，専利発明あるいは実用新案が解決しようとする技術的課題を解決できず，同等な技術的効果を達成できないと疑う理由を有するときは，請求項には前記ほかの代替的形態或いは専利発明や実用新案の技術的課題を解決できない形態をカバーする機能的限定を用いてはならない」。

新規性・進歩性

＜新規性＞

中国において発明及び実用特許権が付与されるためには，「新規性，進歩性および産業上の利用可能性を有していなければならない」（特許法22条1項）。

新規性とは，1)「当該発明または実用新案が先行技術に属さず」，かつ2)「いかなる団体または個人によっても同様の発明または実用新案について出願日より前に国務院特許行政部門に出願がなされたことがなく，かつ，出願日以後に公開された特許出願書類または公告に付された特許書類において記載のない」ことをいう（特許法22条2項）。

ここでいう先行技術とは出願日以前に国内外において公然知られた技術のことをいう。

また，前述したように，中国における新規性の要件には，日本の特許法の新規性に相当する上記1)の要件とともに，日本の特許法29条の2の拡大先願の地位に相当する2)の要件（抵触出願）に当たらないことが必要とされている。前述したように，日本と異なり，「いかなる団体または個人」と規定されているように，同一発明者または同一出願人の場合にも適用されることに注意しなければならない（上記「抵触出願」参照）。

「抵触出願」には，前述したように，審査の対象となる出願の出願日より前に提出され，かつ出願日以後に中国語で公開又は広告された，中国国内段階に移行するPCT国際出願も含まれる。

したがって，中国出願時において1年以内に日本に出願した複数の出願を1つにまとめて中国出願を行うか，PCT出願の段階で1年以内に日本に出願した複数の出願を1つにまとめて出願することにより，抵触出願を回避することが必要である。

＜進歩性＞

次に，進歩性については，中国特許法には，「進歩性とは，先行技術と対比して，当該発明が際立った実質的な特徴及び顕著な進歩を有し，当該実用

新案が実質的な特徴及び進歩を有することをいう」(22条3項)と規定されている。

このように，進歩性の要件として，発明が際立った実質的な特徴と顕著な進歩を有することが求められているが，進歩性判断の審査プラクティスは，欧州特許庁の「課題─解決アプローチ」に近い判断手法を採用している。

したがって，進歩性の判断は欧州や日本のものと大きく異なることはないといえる。具体的には，以下の手順によって判断される。

1) 発明の技術的解決手段と最も近い先行技術と対比して，保護を求める発明と当該先行技術との「相違する特徴」を認定する。
2) この「相違する特徴」が，明細書の記載に基づいて，どのような改題を解決できるのかを判断し，これを「発明が実際に解決する技術的課題」と認定する。
3) 上記手順で認定した「相違する特徴」と「発明が実際に解決する技術的課題」に基づき，相違する特徴によって発明が実施に解決する技術的課題を解決することが，先行技術との関係で当業者にとって自明であるかどうかを判断する。その際，先行技術が相違する特徴によって，発明が実施に解決する技術的課題を解決できることが示唆されているかどうかを判断し，示唆されていれば，当該発明を導き出すことに動機付けがあり，自明であるといえ，示唆がなければ，自明ではなく進歩性を有していると認定されることになる。なお，先行技術に上記のような示唆があるか否かは，他の先行技術や周知技術（技術常識）に基づいて総合的に判断される。

また，特に化学分野においては，実験データの開示は，サポート要件の充足の観点からだけでなく，進歩性の観点化からも重要である。判例では，化合物調整に関する発明特許における無効事件において，特許権者は先行技術に対して当該発明の化合物調整は，安全で効果的かつ安定的なものであると主張したが，最高人民法院は，一般的に明細書中に開示しなかった技術的解決手段及び技術的効果は，出願が特許の適格性を充たすか否かを判断する根拠として機能を果たすことはできないとして，特許権者の主張を退けた[14]。

なお，中国において用途発明の進歩性の判断においては，新たな用途と従

来の用途との遠近，新たな用途によりもたらされる技術的効果，予期し得ない技術的効果を有するか否かという点が主に考慮される。ただし，新規性の判断については「用途が製品自身の固有な特徴で決定され，そして用途の特徴に従い製品の構造，組成が変化したことを暗示していなければ，当該用途の特徴で特定されている製品のクレームは対比文献の製品に対して新規性を具備していない」（審査指南第2部分第3章3.2.5(2)）とされているため，新規性を有するためにはこの要件が充足されている必要がある。

補正の制限

中国における補正は，日本や米国などに比べて厳格に制限されていることが特徴である。特に，新規事項の追加については，一時期の日本の厳格なプラクティスに相当する厳しい運用がなされている。しかも，補正による新規事項の追加は，特許登録後の無効理由となり（実施細則65条2項），無効手続における訂正はクレームを削除するか，併合することしか認められない。また，中国には訂正審判制度がないため，登録後に新規事項の追加が発見されると，回復不能な事態を招きかねない。そこで，審査指南等に基づいてできるだけ具体的な判断基準を示したい。

補正の制限については，特許法33条には「発明または実用新案の特許出願書類についての補正は，当初の明細書及び特許請求の範囲に記載された範囲を超えてはならず」と規定されている。ここで，「当初の明細書及び特許請求の範囲に記載された範囲」には，出願当初の明細書及び特許請求の範囲に記載されている内容とそれらと図面に基づいて，直接的に疑いの余地なく特定される内容に限られる。

ここで，直接的に疑いの余地なく特定される内容とは，2003年10月22日に改定される前の日本の審査基準に合った「直接的かつ一義的」に特定することができる内容を意味しており，新規事項の追加については非常に厳格な運用がなされている。

---

14 最高人民法院判決（2011）第8号，2011年12月17日。

新規事項追加の判断基準は次のとおりである。
(1) 絶対的新規性の基準
　補正により追加された内容が，出願当初の出願書類と対比して，新規性を有しているかどうかを判断し，新規性を有するものであれば，この補正は，出願当初の明細書及び特許請求の範囲記載された範囲を超えていることになる。
(例1) 上記概念を下位概念にする補正。「固定連結」を「溶接連結」に補正する場合，固定連結には，溶接連結，ボルト連結，粘着連結など複数の下位概念が含まれ，下位概念である溶接連結は上位概念である固定連結に対して，新規性を有するため，当該補正は新規事項の追加となる。
(例2) 出願当初の明細書には，装置Aは「無線通信部」Bを備えると記載されていたが，装置Aは「近接無線通信部」Bを備えると補正する場合，「近接無線通信部」は「無線通信部」との関係で新規性を有するため，当該補正は新規事項の追加となる。
(2) 相対的新規性の基準
　主として補正によって範囲が拡張される場合に，補正後の範囲から補正前の内容を除外した残余の内容が，出願当初の出願書類と対比して，新規性を有しているかどうかを判断し，新規性を有するものであれば，この補正は，出願当初の明細書及び特許請求の範囲記載された範囲を超えていることになる。
(例1) 下位概念を上位概念にする補正。「溶接連結」を「固定連結」に補正する場合，固定連結には，溶接連結，ボルト連結，粘着連結など複数の下位概念が含まれるが，固定連結から溶接連結を除外すると，ボルト連結，粘着連結などが残り，ボルト連結などは固定連結に対して，新規性を有するため，当該補正は新規事項の追加となる。
(3) 技術的特徴の組合せについての補正
　出願書類に複数の技術的特徴が記載されている場合に，複数の技術的特徴が相互に関連しているときには，補正によって組合せの関係が変更されるか，または技術的特徴が追加，削除されれば，新規事項の追加と判断される。逆

に，複数の技術的特徴同士が並列して独立した関係にあれば，上記補正も許される傾向にある。

(4) 当業者の技術常識を参酌する

補正によって新規事項が付されたか否かの判断は，機械的に文言上から運用されてはならないとされ，出願書類に記載された技術的解決手段を総合的に考慮した上で，当業者の常識を参酌して判断されなければならないとされている。ただし，筆者の個人的経験からは，審査段階においては機械的，形式的に判断されているケースが多いように感じる。

判例では，覆審委員会（日本の特許庁審判部に相当）及び北京市第1中級人民法院が請求項の「半導体メモリ装置」を「メモリ装置」とした補正が，メモリ装置は半導体メモリ装置以外の装置を含むから新規事項に該当すると判断したのに対し，最高人民法院は明細書の記載，および特許法第33条（新規事項の追加の禁止）の立法趣旨を総合的に勘案し，新規事項の追加に当たらないと判示した[15]。

なお，新規事項の追加として許可されない補正の具体例は審査指南第2部分第8章（巻末の「付録」に掲載）に列挙されており，実務に際しては参照されたい。

審査過程（中間処理）における留意点

中国では，権利化後のクレーム解釈において審査過程における包袋の記録は明細書の記載と同等に扱われる。したがって，審査過程における意見書の記載内容は，クレーム解釈において明細書の記載を補充する機能を有しているため，明細書に記載されていない発明の特徴や効果を主張することは重要である。もちろんこれらは権利範囲が限定される要因ともなり得るが，中国ではサポート要件など記載不備に対する要求が厳しいため，これによって無効化されるリスクが高い。これを補う手段として，拒絶理由に応答する際の意見書の記載を充実させることが有用である。

---

15 北京三友，前掲書，271頁。

また，拒絶理由に対する応答に際して行う補正は拒絶理由通知で指摘された不備についてしか補正を行うことができない（実施細則51条3項）。拒絶理由に応答する補正では，次に示すような補正は，出願当初の明細書及び特許請求の範囲に記載されている事項であっても受け入れられない。
①拒絶理由の対象となっていないクレームやその他の部分についての補正。
②限定する事項が原クレームに記載されていない新たな独立クレームや従属クレームの追加すること。
③独立クレームに記載されている技術的特徴を削除，または変更することによって，保護範囲が拡張される場合。
④明細書のみに記載されていて，従前の保護を求める主題とは単一性が欠如している技術的内容を自発的に補正後におけるクレームの主題とすること。

したがって，自発補正のタイミングで，従属クレームを拡充することや，独立クレーム及び従属クレームの追加を検討しておくことが必要である。

前述したように，補正による新規事項の追加は無効理由となる（実施細則65条2項）上，無効審判の手続において出願書類の訂正をすることができるのは，請求項の削除，併合に限られる（実施細則69条1項）ため，補正による新規事項は，特許権全体が無効となる致命的な原因となり得る。このため，補正に当たっては，新規事項の追加を極力回避しなければならないことは言うまでもないが，明細書の作成に当たっても，独立クレームや従属クレームをできるだけ多く設け，これに対応する実施形態，実施例もできるだけ階層的に記載するようにしておきたい。

中国において自発補正は，実態審査の請求と同時又は実態審査段階に移行する旨の通知を受領した日から3か月以内に行うことができるが，このような自発補正であっても，現出願書類に言及されていなければ，発明の上位概念化や技術的特徴の削除，技術的特徴の組合せなど，クレームの拡大や主題を変更することができない。

したがって，パリルート出願では中国出願時において，また，PCT出願ではPCT出願時または国際段階での補正において，独立クレームの拡充や，明細書の記述の変更や追加を行っておくべきである。

3 中国における知財訴訟

中国における知財訴訟の留意点

　前述したように，中国の知財訴訟は急増しており，2011年において知財民事事件の一審の受理件数は5万件を超えている。このうち，著作権と権利の帰属に関する訴訟を除く，特許権，実用新案権及び意匠権の侵害訴訟だけでも7819件であり米国より多く世界一となっている。中国では，特に，実用新案権が特許権と同様に権利行使に活用されており，外国企業の現地法人が中国企業によって，訴えられるリスクが高まっている。ただし，中国における損害額は立証が困難であるなどの要因もあって一般的に低い。特に，実用新案権による損害額の認定は低いといえるが，シュナイダー事件のようなケースもあり油断はできない。

　中国における訴訟の審理期間は短く，コストも低いため，訴訟を増発させる要因となっている。一般に，侵害訴訟の審理期間は無効審判の審理期間より短く，侵害訴訟を提起された場合には，迅速な対応が必要であり，訴訟戦術としては審理を遅延させる手法も考慮する必要がある。具体的には，答弁期間中において，裁判管轄に対する異議申立てを行うこと，無効審判を請求することなどが挙げられる。これらは答弁期間中に行わなければならない。また，実用新案または意匠による侵害訴訟の訴え提起時に国家知識産権局による評価報告書を提出していない場合，被告は法院に対して訴訟手続の中止を請求することができる。

　外国企業が中国企業から知財紛争に巻き込まれるリスクを低減するためには，同業者の権利取得状況を監視することが必須である。その際，権利化の前であれば，情報提供制度により，また，権利化後においては，匿名による無効審判の請求によって，リスクを事前に排除しておくことが望まれる。この際，請求者を現地の住所を有する者とすることにより，不利な扱いを受けることも避けられよう。

　侵害訴訟を提起された場合には，特に実用新案権により訴訟を提起された

場合，無効審判を請求することが有効な対処法といえる。中国の裁判所の裁判官は文系出身者が多く，技術的判断を苦手とする場合が多く，特許再審委員会の審決を覆すのは一般的に困難と考える傾向にあるからである[16]。訴訟が提起された場合は，侵害訴訟が進行する前に，迅速に無効審判を請求して侵害訴訟とは切り離して，早めに決着することが望ましい。侵害訴訟によって，裁判所が一旦侵害を認めた後からでは，特許再審委員会で（審判部）が無効判断することに躊躇する可能性が生じるからである。

侵害訴訟においては，発明の目的によってクレームを限定解釈する主張も有効である。特に，実用新案権の場合，無審査であるため，審査過程での禁反言の主張が難しい面があるため，発明の目的によってクレームを限定解釈することが有効な手段となり得る。また，自社の権利が無効主張された場合，中国のプラクティスでは，包袋における審査過程での意見書の記載が明細書と同様に考慮されることを留意したい。例えば，進歩性を主張するための効果が明細書に記載されていなくても，審査過程における意見書に記載されていれば，それを根拠に進歩性の主張が可能である。

中国人の権利に対する意識が日本人と大きく異なっている。日本人は，一般的に自分の権利とともに相手の権利も認め，両者が協力，共存していくためのコンセンサスを得ることに力を注ぐ。したがって，自らの権利を主張することはあっても，交渉の過程で和解に至ることが多く訴訟まで発展することは比較的少ない。これに対して，中国人の権利意識は非常に強く，権利を主張しないで不利益を被るのは権利を主張しない側に非があるとの意識があるようである。このような権利意識と異なる中国人，中国企業と協力，交渉するには，欧米流の法的意識を強く持たなければならないだろう。

なお，中国のビジネス文化は一般的にリスク回避型であると言われており，交渉においては，安定的，穏健な状態を保持して発展を図るのが得策とされている。

日本企業は，知的財産の分野では，これまで主として米国企業に提訴され

---

[16] 蒋洪義（中国の聯徳律師事務所弁護士）講演，2015年11月25日（於：三好内外特許事務所）。

てきた経験を有するが,今後は,中国企業を相手とする訴訟が増加することが予想される。しかも,権利解釈の手法,法的安定性,裁判手続等多くの面で未経験な領域が多いため,判例,戦術等の分析による戦略的対応が喫緊の課題である。

裁判制度

中国では日本と異なり裁判官は独立性が低く,裁判官が判決を出すには内部の承認が必要である。このため,裁判官の判断は国家のマクロ政策や人的な影響を受けやすいのではないかと危惧される。確かに,一般的に中国の裁判においては外国企業に不利な判決が多いという印象を受ける。しかし,例えば,知財裁判の場合,外国企業の権利が無効化されるケースが増えているが,多くの場合,このような政策的理由ではなく,中国の知財プラクティスに習熟していなかったことが要因となっている。

中国の司法制度には,①基層人民法院,②中級人民法院,③高級人民法院,④最高人民法院の4つの法廷がある。このうち,最高人民法院と全ての高級人民法院には特許訴訟等を専門に扱う部門を有している。また,中級人民法院においても64の法院が特許事件について対応可能である。また,中国は二審制を採用しており,第一審の判決について上級の人民法院に上訴することができるが,上級の人民法院が下した判決が最終的なものとなる。

地域管轄については,特許訴訟は①侵害者の所在地,又は②侵害した場所のどちらかで提起しなければならない。侵害した場所とは侵害が発生した場所だけでなく,侵害に影響を及ぼした場所も含まれる。侵害者が中国企業の場合,中国企業の所在地の法院で訴訟をすることは避けるべきである。中国においては,警告状を送付することによって事前に交渉等を行うと,相手方が,自己に有利な地元の裁判所に差止請求権不存在確認訴訟を提起するというリスクが生じる。このため,中国において侵害行為を発見した場合は,日本などの慣行とは異なり,警告状の送付とそれに伴う交渉の過程を省いて,速やかに侵害訴訟を提起すべきとされている[17]。

中国においても,日米のような知的財産専門の統一的な裁判所の設立が望

まれてきたが，2014年8月の全人代常務委員会において，「北京，上海，広州に知的財産専門裁判所を設立することに関する決定」が可決され，これに基づいて，北京知的財産裁判所が裁判所として設立され，その後，上海にも知的財産裁判所が設立された。これに伴い知的財産事件の管轄は以下のとおりに変更された。

(1) 知財裁判所は知的財産の民事・行政事件を管轄するが，刑事事件は引き続き一般の裁判所が管轄する。
(2) 特許，技術上の秘密に関する技術型事件の第一審は知財裁判所が管轄し，日本の「審決取消訴訟」に相当する知財の授権，権利確定にかかる行政事件の第一審は北京知的財産裁判所の専属管轄とする。その他の知的財産事件は，第一審は基層裁判所の管轄とし，第二審は知財裁判所の管轄とする。
(3) 知財裁判所の一審判決，裁定への控訴は，その所在地の高級人民法院が審理する。
(4) 管轄地域3年以内に知財裁判所の所在する省内において，地域をまたぐ管轄を実施する。その後，より広い範囲で地域をまたぐ管轄を実施する。

なお，中国民事訴訟法では，訴訟に要する時間について，第1審においては原則として6か月以内に審理を終結しなければならず，第2審においては原則として3か月以内に審理を終結しなければならないと規定している（135条，159条1項）。このため，一般的に，訴訟に要する時間は日本に比較すると短いといえる。

侵害訴訟手続きの流れ

中国における知財訴訟手続きの流れを図表5-2に示した。知財権利者は侵害行為に対して，侵害行為を知った日または知り得た日から2年以内に裁判所（人民法院）に対して侵害訴訟を提起することができる。裁判所は，審査を行い受理日より7日以内に受理要件を満たしているか否かの裁定を下さなければならない。原告は，不受理裁定に対しては上訴することができる。

---

17 同上。

図表 5-2　中国の知財侵害訴訟の流れ

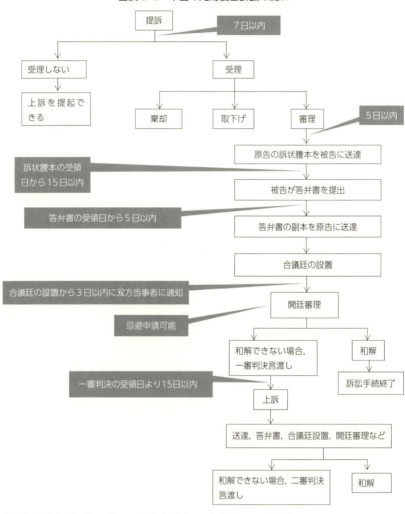

(出所) 特許庁 HP (https://www.globalipdb.jpo.go.jp/judgment/1731/)

裁判所立件した日から5日以内に訴状の副本を被告に送達し，被告は，訴状の副本を受け取った日から15日以内に答弁書を提出することができる。答弁書を提出する期間内に，当事者は，管轄に対する異議を申し立てることができる。裁判所は答弁書を受け取った日から5日以内に答弁書の副本を原告に送付しなければならない。裁判所は合議廷を設置し，開廷審理を経て，和解が成立しない場合は，判決を言い渡して審理を終結する。当事者は，一審判決を受け取った日から15日以内に上訴を提起することができる。

証拠の収集

中国の特許訴訟においては，原告に特許権侵害と損害に関する立証責任があるため，特許権者が自ら証拠を収集しなければならない。証拠の認証のためには，公証人が活用されている。中国の特許訴訟において，勝訴するためには，訴訟前又は継続的に徹底的に証拠を収集できるかどうかが極めて重要である。

証拠は決められた期限までに人民法院に提出しなければならない。人民法院によって期限が指定されるが，一般的には，人民法院からの受理通知書と応訴通知書が当事者に届いた日から30日以内とされている。

証拠収集の方法について，中国民事訴訟法65条は，人民法院に対してあらゆる関係当事者から証拠を取集できる権利を有する旨規定している。しかしながら，この規定は実際にはあまり利用されていないようである。

これに対して，特許法に既定される保全措置は2000年に導入されて以来，積極的に利用されている。中国の特許法66条は次のように規定している。「特許権者または利害関係人は，特許権を侵害する行為を他人が現に実施しているか，または実施しようとしていることを証明する証拠があって，速やかに差し止めなければその適法な権利利益に回復することが困難な損害を受けるとき，訴えの提起前に人民法院に関連行為の停止を命じる措置を講ずるよう申し立てることができる」。

すなわち，保全措置の要件特保全措置について，①現実に侵害行為があること，②回復しがたい損害があること，を要件として規定している。司法解

釈では，保全措置を認めるかどうかの判断について，次の点を勘案するとしている。
① 侵害の蓋然性が高いこと
② 回復しがたい損害
③ 申し立て人の提供した担保
④ 公共の利益

また，海外で収集した証拠は，その国の公証人により公証されてから，その国の中国大使館または領事館で認証されることを条件として，中国人民法院に受理される。その際，外国語で作成された書証の中国語への翻訳は受理された人民法院が指定した翻訳会社によらなければならない。

侵害の判断

中国の侵害訴訟において，発明または実用新案の保護範囲について，特許法59条は，「発明特許権または実用新案特許権の保護範囲は，その請求項の内容に準じ，明細書及び図面を請求項の内容の解釈に用いることができる」と規定されている。すなわち，発明特許権または実用新案特許権の保護範囲は，基本的にはその請求項の記載内容（文言）によって決まるといえる。この点では，日本のクレーム解釈と大きく異なるものではないと理解できる。

また，クレーム内容を解釈する手法については，最高人民法院による専利権侵害をめぐる紛争案件の審理における法律適用の若干の問題に関する解釈（以下，司法解釈(2009)21号）には，以下のとおり規定されている。
① 明細書において請求項の用語について特別に定義されている場合はその定義に従う。請求項の意味は上述した方法を用いても明確にならない場合，参考書や教科書などの公知文献，及び当該分野の一般的技術者が有する一般的な理解と結び付けて解釈することができる（21号3条）。

判例では，侵害訴訟において，請求項の記載と明細書の記載が一致しない場合に，中級人民法院及び高級人民法院はともに明細書の記載に基づき権利範囲を確定したが，最高人民法院は請求項の記載に基づき権利範囲を確定した。最高人民法院は，原則として明らかに請求項の表現に明らかな誤りが存

在し，かつ明細書及び図面の対応する記載に基づき明確，直接，疑う余地もなく請求項の含意を修正できる場合に限り，明細書の記載に基づき解釈を行うことができると判示した。一方，本事件の如く請求項の含意を明確に確定でき，かつ，明細書が請求項の合意に対し特別な境界線を引いていない場合，不当に請求項の範囲を拡大させてしまうことになるため，明細書の記載を基準とすべきではないと判示した。

②請求項において機能もしくは効果をもって記載された技術的特徴について，裁判所は明細書及び図面に記載された当該機能もしくは効果の具体的な実施形態，及びそれと同等の実施形態と結び付けた上で，当該技術的特徴の内容を確定しなければならない（21号4条）。なお，機能的クレームの解釈については，本章「2　中国特許出願実務とマネジメント，明細書作成時の留意点　(3)機能的クレーム」を参照されたい。

③明細書若しくは図面のみにおいて記述され，請求項において記載されていない技術方案について，専利権侵害をめぐる紛争案件の際に権利者がそれを専利権の保護範囲に取り入れる場合，人民法院はこれを支持しない（21号5条）。

次に，審査経過等の参酌については，司法解釈(2009)21号には次のとおり規定されている。

④専利権の付与，もしくは無効宣告手続において，専利出願人や専利権者が請求項や明細書の修正，若しくは意見陳述を通して放棄した技術法案を，権利者が専利権侵害をめぐる紛争案件で改めて専利権の保護範囲に取り入れた場合には，人民法院はこれを支持しない（21条6号）。すなわち，審査過程及び無効宣告手続における禁反言の原則をクレーム解釈に適用しているといえる。

中国では均等論の適用も認められており，司法解釈(2009)21号には次のとおり規定されている。

⑤人民法院は，権利侵害と訴えられた技術方案が特許権の技術的範囲に属するか否かを判断する際，権利者が主張する請求項に記載されている全ての技術的特徴を審査しなければならない。

権利侵害と訴えられた技術方案が，請求項に記載されている全ての技術的特徴と同一または均等の技術的特徴を含んでいる場合，人民法院は権利侵害と訴えられた技術方案は特許権の技術的範囲に属すると認定しなければならない。権利侵害と訴えられた技術方案の技術的特徴が，請求項に記載されている全ての技術的特徴と比較して，請求項に記載されている一以上の技術的特徴を欠いている場合，または一以上の技術的特徴が同一でも均等でもない場合，人民法院は権利侵害と訴えられた技術方案は特許権の技術的範囲に属しないと認定しなければならない（21号7条）。
⑥均等な特徴とは，記載された技術的特徴と基本的に同一の手段により，基本的に同一の機能を実現し，基本的に同一の効果をもたらし，かつ当該領域の普通の技術者が創造的な労働を経なくても連想できる特徴を指す。

　このように，中国における均等論の適用については，手段，機能，及び効果が実質的に同一であり，当業者が容易に連想できることが要件とされており，日本のように，非本質的部分であることが要件とされていないため，均等論は適用されやすい状況となっている。

　判例においては，「MP-3プレーヤ」という発明特許権の請求項1，2，7-9が無効とされ，従属項6について均等論の適用を認め被告であるソニー有限公司が販売するイ号製品について特許権侵害を認めた例がある[18]。同判決においては，均等論の適用が特徴部分ではなく，前段部分（無効とされた請求項2に係る部分）についても，適用されるとしている。

　また，最高人民法院は請求項1及び2が無効とされ，請求項3において，特定されている「銀膜」について，銀膜以外の他の導電材料について，権利が放棄されていないとして，イ号物件の「金メッキ」について均等論の適用を認めた。すなわち，請求項の削除により，禁反言の原則によって均等論の適用が一律に排除されるかが争われたが，最高人民法院は，禁反言は，特許覆審委員会が独立請求項を無効として，その従属項を有効と判断し，特許権者が従属項について自己放棄していない場合に，特許権者は，従属項におけ

---

[18] 北京市第二中級人民法院（2013）二中民初字第04028号，2013年6月21日。

る外的付加以外の技術事項について全て放棄したとは言えないとして，禁反言の原則の適用を排除した[19]。

以上のように，中国では，日本に比較して均等論は柔軟に適用されており，原告が勝訴するケースも少なくない。原告にとっては，特許権に基づく権利行使が行いやすい要因となっており，今後も特許権侵害訴訟は増大することが予想される。日本企業も，中国における特許権取得，権利活用およびその防御について十分に検討する必要がある。

また，審査過程における禁反言の原則については明文の規定がない。しかしながら，この点については中国高等人民法院の判決において適用されたケースがある。中国は，判例法主義を採用していないため，法院の判例により適用規則を具体化することはできないが，特許権者は審査過程または無効手続中における書面による陳述等により禁反言の原則が適用される場合が十分にあることを留意すべきである。

損害賠償額の算定

知的財産侵害訴訟において最も利用されている救済方法は差止命令と損害賠償請求である。侵害が認められると，通常差止命令が発せられる。損害賠償の金額は以下のいずれかにより算定される。
①特許権者の実際の損失
②侵害者の違法行為により侵害者が得た利益
③当該知的財産権の合理的な使用料の1〜3倍（最高人民法院の解釈）
④準法定損害賠償額（最高人民法院の司法解釈によって，50万人民元以下，5000人民元以上の範囲で決定される）

上記の算定方法のうち，①又は②が優先され，これによって算定できない場合，合理的な特許使用料を参考にして算定される。合理的な特許権使用料が確定できない場合は，準法定損害賠償額により算定する。このとき，裁判官は，知的財産権の種類，特許使用料，侵害行為の性質や結果に基づいて自

---

[19] 最高人民院判決（2011）民提字第306号，2012年4月12日。

由裁量により決定する。

なお，損害賠償請求権の時効は，日本では民法の不法行為の規定が適用され，損害及び加害者を知った時より3年間は時効は完成しない（民法724条）が，中国では，特許権侵害訴訟の時効は2年とされており，特許権者又は利害関係人が侵害行為を知り得た日から起算される（特許法68条）。

行政手続による侵害停止請求

中国における特許権侵害の解決手段は，人民法院による民事訴訟以外に，行政手続による手法があることが特徴的である。すなわち，特許法60条には「特許権者または利害関係人は，人民法院に訴えを提起することができ，特許事務を管理する部門に処理を申し立てることもできる」と規定されるように，上記した裁判以外に行政による侵害の判断，差止め命令ができる。なお，日本の特許法では，特許庁に侵害行為の判定を請求することができる（特許法71条等）が，判定には法的拘束力（停止命令等）がない点で中国の行政手続とは大きく異なる。ここで「特許事務を管理する部門」とは，「省・自治区・直轄市人民政府，及特許管理事務の量が多く，現に処理能力を有する，区を設ける市の人民政府が設置する特許事務を管理する部門をいう」（特許法実施細則79条）すなわち，特許権者は特許権の侵害行為が発覚した場合，中国の各省，自治区，市の知識産権局（地方の知識産権局）に侵害行為の停止を申請することができる。なお，中央の国家知識産権局は，特許出願の審査および特許権の有効性の判断を管轄するは特許権に関する紛争を処理・解決する権能を有しない。

地方の知識産権局（特許事務を管理する部門）は，特許権者より侵害行為の認定が申請され，侵害行為があると判断した場合，侵害者に直ちに侵害行為の停止を命じることができる（特許法60条）。当事者は，この処理に不服があるときは処理の通知を受け取った日から15日以内に，『中華人民共和国行政訴訟法』に基づいて人民法院に訴えを提起することができる。

この行政による手続きは差止め命令の発行だけであって，損害賠償命令を発行する権利は有さない。ただし，地方の知識産権局は，損害賠償金額の調

停を行うことができ，調停が成立しないときは『中華人民共和国行政訴訟法』に基づいて人民法院に訴えを提起することができる（特許法60条）。

地方の知識産権局（特許事務を管理する部門）は，侵害の認定及び損害賠償金額の調停の他に，次の特許紛争についての調停をすることができる（特許法実施細則85条）。

(1) 特許出願及び特許権の帰属に関する紛争
(2) 発明者，創作者の適格に関する紛争
(3) 職務発明の創造の発明者，創作者の報奨及び報酬に関する紛争
(4) 発明特許出願の公開後，特許権の付与までに発明が使用されたにもかかわらず支払われていない相当の費用に関する紛争

なお，上記(4)の紛争については，特許権の付与後でなければ，当事者は申し立てをすることができない。

行政手続は裁判手続に比較して，短時間及び低コストでできるため，明らかな侵害行為があり，侵害行為を迅速に停止させることが重要である場合には有効な手続きである。これに対して，特許権の権利範囲の解釈が複雑である等侵害の判断が容易でない場合や，過去の損害賠償額が大きい等の場合には，裁判手続によることが好ましい。

無効審判と審決取消訴訟

中国の知財訴訟においては，日本の侵害訴訟と無効審判における裁判所と特許庁の役割分担と同様に，侵害訴訟と無効訴訟は人民法院と特許再審委員会でそれぞれ分担されている。すなわち，特許の侵害訴訟については上記のとおり人民法院が管轄するが，特許権の有効性判断は専門技術官庁である国家知識産権局に属する特許再審委員会（日本の特許庁審判部に相当する）の専権事項となっている。

このため，意匠と実用新案の侵害訴訟においては，国家知識産権局において無効請求がなされた場合は無効判断手続により中断され，その結果を待たなければならない。特許侵害訴訟の場合については，最高人民法院は次の見解（司法解釈）を示している。

「侵害訴訟の審理において，当事者は特許再審委員会が下した無効審決或いは権利維持の審決を不服として，出訴期間内に人民法院に行政訴訟を提起したい場合，侵害訴訟を審理する法院は，その侵害訴訟を中止しなくてもよい。但し，既に提出された証拠資料に基づき侵害訴訟の審理結果がその行政訴訟の判決と相反する恐れがある場合，当事者の申し立てにより，侵害訴訟を審理する人民法院はその侵害訴訟を中止することができる」。

国家知識産権局の無効判断手続により基本的には中断されることはないとされているが，法的安定性の低い権利については特許侵害訴訟が無効主張により停止される場合があると考えておくべきであろう。人民法院の侵害訴訟において侵害の判決が出された後，国家知識産権局の判断により特許が無効となる場合もあることは留意しなければならない。

図表5-3に中国における無効審判手続と審決取消訴訟の流れを示した。

図表5-3 中国の無効審判手続と審決取消訴訟の流れ

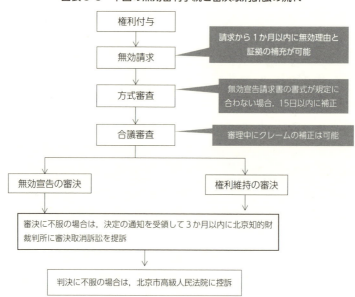

（出所）特許庁HPの図（https://www.globalipdb.jpo.go.jp/judgment/155/）に加筆

中国の行政訴訟体系では，行政訴訟の被告適格は行政機関のみとされているため，無効審判の審決取消訴訟は，日本と異なり，「非当事者対立構造」となっている。すなわち，無効審判の審決取消訴訟の被告は，審決を下した特許再審委員会である。この場合，相手側は第三者として審決取消訴訟に参加することができる（特許法46条2項）。このような「非当事者対立構造」の場合，判決の結果に直接的利害関係を有しない特許再審委員会がはたして利害関係者のように積極的に応訴できるのか，疑問が持たれるところである。

無効審判の審決取消訴訟の管轄裁判所は，前述したように北京知的財産裁判所が設立されて以来，北京知的財産裁判所の専属管轄である。判決に不服がある場合の控訴の管轄裁判所は北京市高級人民法院であり，終審となる。

まとめ

中国における職務発明制度は，2008年6月に国務院より発表された「国家知的財産権綱要」を受けて，発明者重視の方向に徐々に動き出している。2012年11月公布された「職務発明条例草案」では，発明者を保護するための規定が多く導入され，ノウハウについても特許出願した職務発明と同様の補償が求めている。職務発明条例草案では現状では採択されていないが，採択されれば法律としての効力が発生する。

中国では，日本と異なり実用新案が活用されており，日本企業が実用新案権に基づいて訴えられるケースも増えている。また，中国特許法第9条は，1つの発明を特許出願と実用新案出願により並行して出願することを認めている。したがって，中国において模倣品対策などの迅速な対応が求められる場合，早期の権利化が容易な実用新案と発明特許出願を同時に行い，実用新案権での保護を確保した上で，より信頼性の高い特許権の確保を行うという戦略が有効である。

中国では，実用新案と同様，意匠出願の量も多く活用されている。中国の意匠出願する際日本と異なる点として，①「意匠の簡単な説明」を提出する

必要がある，②正投影図法による6面図のみを提出した場合，斜視図（立体図）の提出を追加で求められることがある，③部分意匠制度を有していない，④複数の意匠が類似関係にあれば一出願に含めることができる，ことが挙げられる。

　中国の特許出願において，日本と異なる留意すべき点として，新規性喪失の例外の要件，出願人自身の先願によって，自身の出願（後願）の新規性がないとされる抵触出願，中国でなされた発明を中国以外の国に第1国出願する場合の秘密保持審査，が挙げられる。

　中国特許出願の実務において特に留意すべき点としては，サポート要件等の記載要件が厳格であること，補正の際の新規事項追加の要件が厳しいことが挙げられる。審査指南第2部分第8章には，許可されない補正例が列挙されているので，参考にされたい（巻末の付録参照）。

　中国における訴訟の審理期間は短くコストも低いため知財訴訟が急増している。一般に，侵害訴訟の審理期間は無効審判の審理期間より短く，侵害訴訟を提起された場合には，答弁期間中において，裁判管轄に対する意義申立てを行うこと，無効審判を請求することなどにより審理期間を確保する戦術が有効である。また，実用新案または意匠による侵害訴訟の訴え提起時に国家知識産権局による評価報告書を提出していない場合，被告は法院に対して訴訟手続の中止を請求することができる。侵害訴訟においては，発明の目的によってクレームを限定解釈する主張も有効である。また，中国のプラクティスでは，包袋における審査過程での意見書の記載が明細書と同様に考慮されるため，例えば，進歩性を主張するための効果が明細書に記載されていなくても，審査過程における意見書に記載されていれば，それを根拠に進歩性の主張ができる。

付　録

審査指南に記載される補正例
(ジェトロ編「専利審査指南 2010」第 2 部分第 8 章より抜粋)

1) 許可されない追加

(1) 原出願書類（添付図面を含む）から直接的，明確に認定することができないような技術的特徴を，請求項及び／又は明細書に書き込むこと。

(2) 公開される発明を明瞭にする，もしくは請求項を完備するため，原出願書類（添付図面を含む）から直接的に，疑う余地もなく確定することのできない情報を追加すること。

(3) 追加内容が添付図面を測量して得られる寸法パラメータ等の技術的特徴である場合。

(4) 原出願書類では言及しなかった付加的成分を導入することにより，原出願書類になかった特殊な効果が示されている。

(5) 当初明細書から当業者が直接的に導くことのできない有益な効果を追加すること。

(6) 実験のデータ，実施形態，実施例を追加することで発明の有益な効果を説明すること。

(7) 原出願書類にない添付図面の追加は一般的に許可されない。ただし，背景技術の添付図面を追加すること，若しくは当初図面の中の公知技術の図面を従来技術に最も隣接している添付図面に交換することは許可される。

2) 許可されない変更

(1) 請求項における技術的特徴を変更し，原明細書に記載された範囲を超えること。

　（例 1）原請求項で，1 辺が開口したレコードカバーを限定しており，添付図面には，3 辺を接着して一体とした，1 辺が開口したカバーの矢視

図が1枚だけ示されている場合に，請求項を「少なくとも1辺が開口したカバー」と補正すること。原出願書類には「1以上の辺で開口してもよい」ことについての言及がない場合には，こうした補正は，原明細書及び明細書に記載された範囲を超えるものである。

(例2) 原請求項が「ゴムを製造する成分」に関するものである場合に，原出願書類において明記されている場合を除き，これを「弾性材料を製造する成分」に変更できない。

(例3) 原請求項は自転車のブレーキについての保護を求めるものであり，請求項を車両のブレーキに補正することは，原明細書からは，補正後の技術方案を直接的に得られない。こうした補正も，原明細書に記載された範囲を超えるものである。

(例4) 原出願書類から直接的に得られない「機能的用語＋装置」という方式で，具体的な構造的特徴を備える部品やパーツを代替するという補正は，原明細書及び明細書に記載された範囲を超えるものである。

(2) 明確でない記載を明確で具体的な記載に変更するために，原出願書類になかった新しい記載を追加すること。

(例) 高分子化合物の合成に関する発明において，原出願書類では，「やや高い温度」で重合反応が進行するとだけ記載されており，拒絶理由の引用文献が「40℃で同じ重合反応が進行する」と記載されていたため，「やや高い温度」を「40℃より高い温度」に変更すること。「40℃より高い温度」との記載は「やや高い温度」の範囲に含まれているが，当業者が原出願書類において，「やや高い温度」とは「40℃より高い温度」を指すとは理解できないため，当該補正は新規事項の追加となる。

(3) 原出願書類において分離している複数の特徴を，新たな組み合わせになるように変更するときに，原出願書類にはこれら分離している特徴の相互間の関連性について明確に言及していない場合。

(4) 明細書の中のある特徴を変更することにより，変更後に反映している技術的事項が，原出願書類に記載してある事項と異なったものとなり，原出願書類記載された範囲を超えること。

(例1) 多層積層板に関する発明において，原出願書類には，異なる層状に配置した数種類の実施形態が記載されており，その中の1つの構造は，外層がポリエチレンであるときに，外層のポリエチレンをポリプロピレンと変更する補正は許されない。補正後の積層板が，当初記載されていた積層板とは全く違うものになっているからである。

(例2) 原出願書類に，「例えば螺旋ばねの支持物」と記載されているときに，明細書の補正において，「弾性支持物」に変更することは，具体的な螺旋ばねによる支持方式を，すべての可能な弾性支持方式に拡大したことになる。したがって，当該補正原出願書類に記載された範囲を超えたものである。

(例3) 原出願書類において温度条件を10℃又は300℃と限定しており，明細書において10℃～300℃に補正した場合，もし原出願書類に記載された内容から直接的に，疑う余地もなくその温度範囲が得られなければ，その補正は原出願書類及び権利要求書に記載された範囲を超えたものである。

(例4) 原出願書類において組成物のある成分の含有量を5％又は45％～60％と限定されているときに，明細書の記載を5％～60％に補正した場合，原出願書類に記載された内容から直接的に，疑う余地もなくその含有量の範囲が得られなければ，当該補正は原出願書類及び権利要求書に記載された範囲を超えたものである。

3) 許可されない削除

(1) 独立請求項から，原出願書類においては一貫して発明の必要な技術的特徴として記述されていた技術的特徴を削除すること，若しくは請求項から，明細書に記載された技術方案に関連している技術用語を削除すること，又は請求項から，明細書において明確に認定されたもので，具体的な応用範囲についての技術的特徴を削除すること。

(例1) 「リブのある側壁」を「側壁」に変更すること。

(例2) 原請求項の「ポンプに用いられる回転軸シール……」を補正後請

求項では「回転軸シール」にすること。
(2) 明細書からある内容を削除することにより，補正後の明細書が，原出願書類及び権利要求書に記載された範囲を超えるものになる場合。
　(例) 多層積層板に関する発明において，明細書には，異なる層状に配置した数種類の実施形態が記述されており，その中の１つの構造は，外層がポリエチレンである場合に，明細書において，外層のポリエチレン層を削除する補正は許されないものである。なぜなら，補正後の積層板が，当初記載されていた積層板とは全く違うものになるからである。
(3) 原出願書類において，ある特徴の数値範囲以外の中間数値が記載されていない場合に，引用文献により新規性や創造性が否定されることや，当該特徴の数値範囲のある部分を取ると発明が実施できないことに鑑みて，当初の数値範囲から当該部分を削除する補正は，原出願書類及び権利要求書に記載された範囲を超えるため，出願人が，出願当初の記載内容に基づき，当該削除された数値を取ると，同発明が実施できなくなること，もしくは，当該削除後の数値を取ると，同発明に新規性と進歩性を備えるということを証明できる場合を除き，このような補正は許されない。
　(例) 数値範囲が $X_1=600〜10000$ で，引用文献の技術的内容と当該発明の区別は，その記述された数値範囲が $X_2=240〜1500$ である場合に，X_1 と X_2 が部分的に重複しているため，当該請求項は新規性がない。このとき X_1 を補正し，X_1 のうちの X_2 と重複する 600〜1500 を排除して，保護を請求する技術方案における当該数値範囲を $X_1>1500$ から $X_1=10000$ に補正する場合，出願人が当初の記載内容と従来技術に基づき，同発明が $X_1>1500$ から $X_1=10000$ の数値範囲が，引用文献に記載の $X_2=240〜1500$ よりも進歩性があることを証明できず，また，X_1 に 600〜1500 を取ると，同発明が実施できないことを証明できないとき，当該補正は許されない。

参考文献

依久井祐（2013）『もう一つのチャイナリスク』三和書籍。
ウイリアム・C・ハンナス他，玉置悟訳（2015）『中国の産業スパイ網』草思社。
エドワード・ルトワック，奥山真司訳（2013）『自滅する中国』芙蓉書房出版。
エドワード・ツエ，ブーズ・アンド・カンパニー訳（2011）『中国市場戦略』日本経済新聞社。
小川紘一（2014）『オープン＆クローズド戦略』翔泳社。
小川紘一（2009）『国際標準化戦略』白桃書房。
オーデッド・シェンカー，井上達彦監訳，遠藤真美訳（2013）『コピーキャット』東洋経済新報社。
岸宣仁（2005）『中国が世界標準を握る日』光文社。
黒田法律事務所　萱野純子，藤田大樹『中国における研究開発（1）』（www.kuroda-law.gr.jp/pdf/china/ils_079.pdf）。
黒田法律事務所　萱野純子，藤田大樹『中国における研究開発（2）』（www.kuroda-law.gr.jp/pdf/china/ils_080.pdf）。
経済産業省編（2014）「模倣品・海賊版対策の相談業務に関する年次報告」。
経済産業省編（2003）「技術流出防止指針」。
河野特許事務所「早わかり中国特許」河野特許事務所HP（knpt.com/contents/china_hayawakari/china_hayawakari.html）。
小林幸秀（2013）『科学技術大国中国』中公新書。
近藤泰・風間智英・張翼（2015）「中国における乗用車市場の変化と新たな対応策」『知的資産創造』3月号。
陳潤，永井麻生子訳（2015）『シャオミ　世界最速1兆円企業の戦略』ディスカヴァー・トゥエンティワン。
蒋洪義（2015）講演資料，2015年11月25日（於：三好内外特許事務所）。
ジェトロ編（2010）「専利審査指南2010」，2月。
ジェトロ編（2012）「模倣品対策マニュアル」中国編，3月。
ジェトロ編（2013）「中国における知的財産関連共同研究の留意点に関するQ&A」，12月。
ジェトロ北京センター知的財産部編（2007）「中国におけるライセンス規制調査」3月30日。
ジェトロ北京センター知的財産部・遠藤誠（2008）「中国商標権冒認出願対策マニュアル」特許庁。
ジェームズ・マグレガー，中西輝政・依田光江訳（2014）『中国の未来を決める急所はここだ』ヴィレッジブックス。
徐静波（2015）『2023年の中国』作品社。
新宅純二郎・江藤学（2008）『コンセンサス標準戦略』日本経済新聞社。

新宅純二郎・天野倫文編（2009）『ものづくり国際経営戦略』有斐閣。
新出篤弘・林田純也（2010）『アジア四カ国の知財契約』発明協会。
関志雄（2015）『中国「新常態」の経済』日本経済新聞。
高梨千賀子・立本博文・小川紘一（2011）「標準化を活用した新興市場におけるプラットフォーム戦略—ボッシュと三菱電機の事例—」，4月。
津上俊哉（2015）『巨龍の苦闘』角川新書。
特許庁新興国知財情報データバンク　楊青「中国における化学特許の取得と実験データ」2014年12月（https://www.globalipdb.jpo.go.jp/application/8713）。
特許庁編（2014）「2013年度模倣品調査報告書」，3月。
『日経 Automobile Technology』2014年10月，59〜61頁。
『日経 Automobile Technology』2014年11月，51〜52頁。
日本知的財産協会（2011）「中国における特許権取得上の留意点」改訂第3版，10月。
ビジャイ・ゴビンダラジャン他，渡部典子訳（2012）『リバース・イノベーション』ダイヤモンド社。
肥塚直人（2014）『技術流出リスクへの実務対応』中央経済社。
藤本隆宏・新宅純二郎編（2005）『中国製造業のアーキテクチャ分析』東洋経済新報社。
藤本隆宏（2007）『ものづくり経営学』光文社新書。
北京三友知識産権代理有限公司編著，畠山敏光訳，酒井宏明監修（2012）『中国特許出願実務入門』発明推進協会。
丸川知雄・梶尾懐（2015）『超大国・中国のゆくえ』東京大学出版会。
丸川知雄（2013）『チャイニーズ・ドリーム』ちくま新書。
丸川知雄（2013）『現代中国経済』有斐閣アルマ。
丸川知雄（2007）『現代中国の産業』中公新書。
丸川知雄（2015）「これだけは知っておきたい　中国経済の現在・未来」5月〜6月，日比谷カレッジ講演資料。
山田勇毅「知財大国化する中国と知財マネジメント再考」『知財管理』Vol.65 No.2 2015年。
楊健君「中国における営業秘密保護—秘密管理性要件に関する中国の学説と裁判例を中心として」『知的財産法政策研究』Vol.44（2014）（eprints.lib.hokudai.ac.jp/dspace/bitstream/2115/55096/1/44_06.pdf）。
渡邊真理子編著（2013）『中国の産業はどのように発展してきたか』勁草書房。

事項索引

【欧文】

CMF（コモン・モジュール・ファミリー）…98
EMS（Electronics Manufacturing Service）
　企業……………………………………32
IMV………………………………………99
MIUI………………………………………53
TD-SCDMA………………………………74

【あ行】

イーライリリーの再審事件……………180
意匠特許出願……………………………161
委託研究開発……………………………113
インターネット…………………… 11, 123
「インターネット・プラス」行動計画………25
営業秘密………………… 84, 85, 116, 119
オープン・アーキテクチャ…………27, 31
「オープン・アーキテクチャ」とは………27
オープン化……………… 104, 106, 144, 169

【か行】

外商投資研究開発センターの設立に関する
　問題についての通知……………………21
外商投資産業指導目録……………………20
解除条項…………………………………141
改良技術…………………………………143
改良技術の帰属…………………………135
管轄………………………………………191
基幹部品型のプラットフォーム…………90
基幹部品型プラットフォーム……………92
起業家精神…………………………… 42, 50
企業所得税法………………………………20
企業誘致……………………………………19
疑似オープン・アーキテクチャ…………27
技術導入……………………………………16
技術輸出入管理条例……… 82, 83, 112, 130,
　　　　　　　　　　　　　136, 137, 139
技術流出…………………………… 100, 114

機能的クレーム……………………… 174, 175
共通部品型のプラットフォーム……………90
共通部品型プラットフォーム………………97
共同研究開発………………………………113
共有の特許権………………………………131
均等論………………………………………196
クレーム解釈………………………… 186, 194
クロスライセンス…………………………147
経済特区……………………………………19
契約法……………………… 131, 135, 136, 137
研究開発拠点………………………………112
研究開発センター設立通知………………112
倹約的イノベーション…………… 4, 8, 92
権利侵害責任法……………………………123
公開情報……………………………………22
公証人……………………………… 129, 193
高新技術産業開発区………………………19
高速鉄道技術………………………… 39, 145
郷鎮企業……………………………… 42, 43
合弁会社……………………………… 15, 109
国際出願……………………………………66
国内契約……………………………………146
国有企業……………………………… 36, 38
国家知的財産権綱要………………………154
国家知的財産権戦略要綱………………63, 64
国家中長期科学技術開発計画………………6
国家標準と特許に関する管理規定…………72
コンピュータプログラム発明……………176

【さ行】

サポート要件………………………… 179, 183
事業買収……………………………… 17, 101
実用新案……………………… 148, 157, 161
シュナイダー事件…………………… 68, 160
渉外契約……………………………………145
職務発明……………………………………154
職務発明条例草案…………………………155
侵害訴訟……………………………188, 191, 194
侵害停止請求………………………………198
新規事項……………………………184, 186, 187

新規性	182		秘密保持義務	140
新規性喪失の例外	166		秘密保持契約	140, 149
審決取消訴訟	191, 201		秘密保持審査	167
進歩性	159, 182		評価報告書	158, 188
スマートガジェット	13		標準化政策	70
全国専利事業発展戦略（2011-2020）	66		富士化水事件	133
先使用権	128		不正競争防止法	84
損害賠償	197		不争義務	138
			プラットフォーム	90
【た行】			プロダクトバイプロセスクレーム	178
			冒認商標出願	124
知財法院	69		保全措置	193
中関村科技園区	25			
中国型イノベーションシステム	2, 100, 102		【ま行】	
抵触出願	167			
電動自転車	9		無効審判	201
同一・類似の判断	163		モジュラー型産業構造	26, 29
独占禁止法	77		モジュラー型製品アーキテクチャ	31
特許再審委員会	iv, 199		模倣	5
特許制度	103		模倣品	121, 123
【な行】			【や行】	
ノウハウ	148, 169, 170		輸出制限	139
ノウハウライセンス	148		用途発明	178, 183
【は行】			【ら行】	
秘匿化	104, 106, 169		ライセンサーの保証責任	131, 132, 141

人名索引

ジャック・マー	55		馬化騰	25
鄧小平	14		毛沢東	14, 42
任正非	57, 58		雷軍	51, 52

索 引

会社名索引

【欧文】

BAT ································12

【あ行】

アリババ・グループ（阿里巴巴集団）········55
インターデジタル社（IDC社）··········72, 81

【か行】

奇瑞汽車······························30, 44
クアルコム····························80
国家核伝技術··························7

【さ行】

施耐徳（天津）························160
シノベル（華鋭風電科技集団）··········119
シャオミ······························10
シャオミ（小米科技）··················50
上海華勤通信技術有限公司·············175
上海汽車······························38, 109
正泰集団······························160

【た行】

第一汽車······························38, 109

【は行】

中国航空工業集団公司（AVIC）········6, 110
中国商用飛行機有限責任公司（COMAC）
  ····························6, 110
中国中車有限公司······················40
中国南方車両公司······················40

【は行】

ハイアール（海爾）····················46
ファーウェイ··························72, 81
ファーウェイ（華為技術有限公司）······57
フォルクスワーゲン（VW）·············97
武漢晶源環境工程有限公司·············134
歩歩高·······························164
ボッシュ······························95

【ま行】

ミデアグループ（美的）················16
メイズ（魅族）························52, 56
メディアテック（MTK）················93

【ら行】

ラブー································9
レノボ（聯想集団）····················48
ローディア化学公司····················180

211

■著者略歴

山田 勇毅
（やまだ ゆうき）

日栄国際特許事務所　弁理士

1982 年　東京工業大学大学院修士課程　材料科学専攻　修了
 同 年　特許庁入庁　審査官　審判官
2000 年　外資系化学企業　ライセンスマネジャー（東アジア）
2002 年　大野総合法律事務所　弁理士
2009 年　青和特許法律事務所　弁理士
2012 年　日栄国際特許事務所　外国技術部長，化学部門長（現在に至る）

2011 年 2 月　東京大学イノベーションマネジメントスクール（TIMS 2010）　修了
2005〜2012 年　京都大学法科大学院で「ライセンス契約」の特別講義を担当
2010〜2012 年　東京工業大学　イノベーションマネジメント研究科　非常勤講師

主要著書
「戦略的特許ライセンス：特許ライセンス契約の留意点」2002 年，経済産業調査会

■中国知財戦略
（ちゅうごく ち ざいせんりゃく）
―イノベーションの実態と知財プラクティス―
（じったい　ちざい）　　　　　　　　〈検印省略〉

■発行日――2016 年 6 月 6 日　初版発行

■著　者――山田勇毅
　　　　　　（やまだ ゆうき）
■発行者――大矢栄一郎
■発行所――株式会社 白桃書房
　　　　　　　　　　（はくとうしょぼう）
　　　〒101-0021　東京都千代田区外神田 5-1-15
　　　☎ 03-3836-4781　📠 03-3836-9370　振替 00100-4-20192
　　　http://www.hakutou.co.jp/

■印刷・製本――三和印刷

©Yuki Yamada 2016
Printed in Japan　　ISBN 978-4-561-25677-9　C 3034

本書のコピー，スキャン，デジタル化等の無断複製は著作権法上での例外を除き禁じられています。本書を代行業者等の第三者に依頼してスキャンやデジタル化することは，たとえ個人や家庭内の利用であっても著作権法上認められておりません。

JCOPY 〈㈳出版者著作権管理機構 委託出版物〉
本書の無断複写は著作権法上での例外を除き禁じられています。複写される場合は，そのつど事前に，㈳出版者著作権管理機構（電話 03-3513-6969，FAX 03-3513-6979，e-mail: info@jcopy.or.jp）の許諾を得てください。
　落丁本・乱丁本はおとりかえいたします。

好評書

草間文彦【著】
ライセンスビジネスの戦略と実務 本体 3,000 円
　―キャラクター & ブランド活用マネジメント

菊池純一【編著】
知財のビジネス法務リスク 本体 2,500 円
　―理論と実践から学ぶ複合リスク・ソリューション

山西　均【著】
グローバリズムと共感の時代の人事制度 本体 2,407 円
　―これからの時代に即したしなやかな人事のあり方を探る

中村裕一郎【著】
アライアンス・イノベーション 本体 3,500 円
　―大企業とベンチャー企業の提携：理論と実際

藤原綾乃【著】
技術流出の構図 本体 3,500 円
　―エンジニアたちは世界へとどう動いたか

折笠和文【著】
マーケティングの批判精神 本体 2,500 円
　―持続可能社会の実現を目指して

大石芳裕【編著】
マーケティング零 本体 2,500 円

黒田秀雄【編著】
わかりやすい現地に寄り添うアジアビジネスの教科書 本体 2,500 円
　―市場の特徴から「BOP ビジネス」の可能性まで

──────── 東京　白桃書房　神田 ────────

本広告の価格は本体価格です。別途消費税が加算されます。